·

Bis an die Grenzen des Seins

Für Frida

Es wird eine Zeit kommen, in der die Menschen verrückt sind,
und wenn sie jemandem begegnen, der nicht verrückt ist,
werden sie sich zu ihm wenden und sagen: „Du bist verrückt",
weil er nicht ist wie sie.

Antonius, *Apophthegmata Patrum*

MARKUS TORGEBY

BIS AN DIE GRENZEN DES SEINS

Mein Leben als einsamer Läufer in der schwedischen Wildnis

MEYER & MEYER VERLAG

Originaltitel:
Markus Torgeby
Löparens Hjärta
Originalverlag:
© 2015 Offside Press AB och Markus Torgeby
Förlag Offside Press AB, Schweden

Text Published by agreement with the Kontext Agency
Englische Version:
The Runner - Four Years Living and Running in the Wilderness
© Bloomsbury Sport, 2018
Übersetzung aus dem Schwedischen: Karl French
Übersetzung aus dem Englischen: Kristina Mundt

Bis an die Grenzen des Seins
Bibliografische Information der Deutschen Bibliothek
Die Deutsche Bibliothek verzeichnet diese Publikation in der Deutschen Nationalbibliografie; detaillierte bibliografische Details sind im Internet über <www.dnb.de> abrufbar.

© 2018 by Meyer & Meyer Verlag, Aachen
Auckland, Beirut, Dubai, Hägendorf, Hongkong, Indianapolis, Kairo, Kapstadt, Manila, Maidenhead, Neu-Delhi, Singapur, Sydney, Teheran, Wien

Gesamtherstellung (Druck): Bookwire, Frankfurt, www.bookwire.de

Member of the World Sport Publishers' Association (WSPA)
ISBN 978-3-8403-7607-8

Hersteller im Sinne der GPSR:
Meyer & Meyer Fachverlag & Buchhandel GmbH
Von-Coels-Straße 390, 52080 Aachen
www.dersportverlag.de
E-Mail: kontakt@m-m-sports.com

INHALT

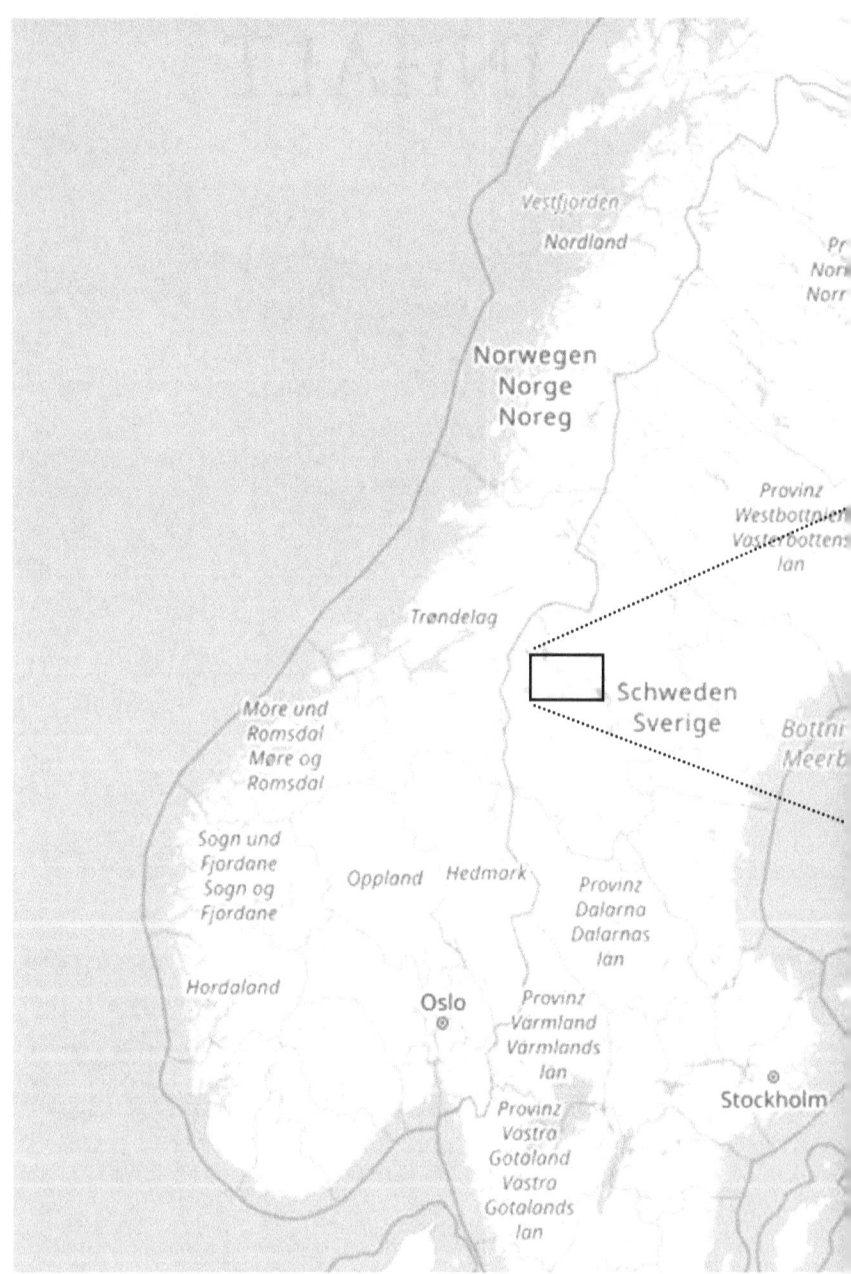

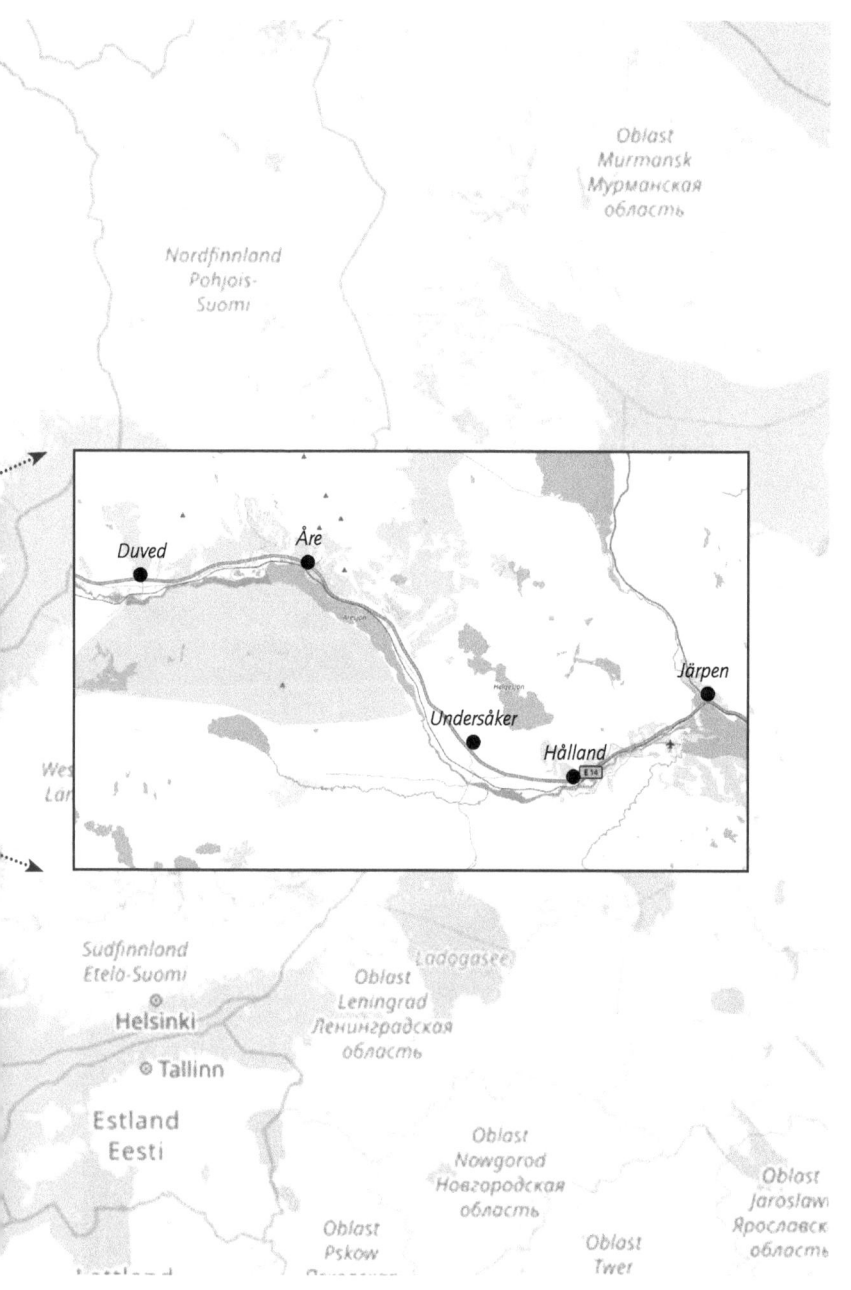

PROLOG

Jämtland, Nordschweden, Herbst 1999

ES IST NACHMITTAG. Die Sonne ist müde, aber das Licht ist warm, und ich laufe vom Slagsån hinauf zum Sumpf unterhalb vom Romohöjden. Der Schnee bleibt auf dem Åreskutan liegen. Ich laufe über den Sumpf, und meine Beine fühlen sich leicht an.

Mit riesigen Schritten laufe ich über die Berghänge, bis hinunter zum Indalsälven und vorbei am Ristafallet. Ich folge dem Pfad am Fluss entlang und komme wieder zum Hügel. Drei Kilometer geht es steil bergauf. Ich bewege mich mühelos, gelange wieder zum Sumpf und habe die Sonne im Rücken.

Dann höre ich den Ruf eines Elchs. Ich bleibe stehen. Nach einer Weile höre ich, dass ein anderer Elch ein Stück weiter entfernt antwortet. Ich lege Daumen und Zeigefinger an die Nase, rufe selbst, und beide Elche antworten.

Sie sind beide ziemlich nah, und ich bleibe ruhig stehen. Schließlich kommen sie 30 Meter voneinander entfernt in den Sumpf. Ich bewege mich nicht. Sie sich auch nicht, und ihre großen Ohren sind wie Satellitenschüsseln in meine Richtung gedreht. Wir bilden ein Dreieck – der Bulle, die Kuh und ich. Die Elche haben die Abendsonne in den

Augen und den Wind im Rücken. Ihre Beine sind lang und dünn, und sie sehen stark aus.

Ich laufe weiter, die Elche auch. Es kracht im Wald, als sie verschwinden.

Am Helgesjön angekommen, ziehe ich mich aus und springe hinein. Ich schwimme so lange, bis der Schlamm und Schweiß abgewaschen sind. Ich reibe mir die Achselhöhlen mit Sand ein und gehe nackt durch den Wald nach Hause zum Zelt.

Ich ziehe mir Unterwäsche, dicke Socken und meine Mütze an. Es dampft aus meinem Mund, wenn ich ausatme. Ich gehe in den Wald, um Birkenrinde und kleine Zweige zu sammeln, um sie als Anmachholz zu benutzen, und spalte Holz für später, wenn das Feuer richtig brennt. Ich lege immer dickere Äste nach, erhalte das Feuer, bis es warm im Zelt ist, und trockne die Plane.

Der Wald ist ruhig. Mein Gesicht ist warm vom Feuer. Draußen bildet die Dunkelheit eine Wand.

Ich esse Knäckebrot mit Butter und trinke warmes Wasser. Nachdem das Feuer heruntergebrannt ist, gehe ich ins Bett. In meinem Tagebuch halte ich die Ereignisse des Tages fest und beobachte die Sterne durch den Rauchabzug.

Mir gefällt es, in meinen Schlafsack eingepackt dazuliegen und die kalte Nachtluft im Gesicht zu spüren.

ÖCKERÖ

ES IST HEILIGABEND 1985, und Mama hat Kopfschmerzen. Die Welt dreht sich, sagt sie. Sie hat Gleichgewichtsprobleme.

Ich bin neun Jahre alt, der Älteste von vier Geschwistern. Meine beiden Schwestern sind ein und drei Jahre jünger als ich, mein kleiner Bruder ist zwei.

Weihnachten feiern wir mit unseren Cousins, die in einem Haus in der Nähe wohnen; man muss nur den Hügel hinuntergehen und schon ist man da. Im Werkunterricht fertigte ich für Oma und Opa ein Fischerboot an. Es heißt *Kristina*, genau wie Opas Boot. Es wurde in einer Ausstellung in der Schule gezeigt. Ich bin daher richtig zufrieden.

Am ersten Weihnachtsfeiertag geht Mama ins Krankenhaus. Sie hat keine Schmerzen, aber ihre Beine tun nicht, was sie möchte.

Mama ist nicht sehr groß – nur 160 Zentimeter – und wiegt 43 Kilogramm. Sie hat blaue Augen, dicke braune Haare und wird nie böse. Sie war erst 19, als ich geboren wurde.

Papa fährt jeden Tag aufs Festland, um sie zu besuchen. Wenn er zurückkommt, sagt er nicht viel, aber beim Abendessen zittert sein rechtes Bein mehr als sonst. Ich spüre, wie der Boden vibriert.

Als Mama eine Woche später nach Hause kommt, geht sie auf Krücken. Sie ist 28 Jahre alt, und irgendetwas stimmt nicht mit ihr, aber man weiß nicht, was.

JEDEN MORGEN GEHE ICH über den Hügel zur Schule; dafür brauche ich zwei Minuten. In meinem blauen Rucksack ist ein Stück Obst. Ich gehe rückwärts und winke Mama, bis ich sie nicht mehr im Küchenfenster sehen kann.

Das Schulgebäude ist alt und heruntergekommen. Der Boden ist abschüssig, und mein Bleistift rollt weg, wenn er mir herunterfällt. Meine Lehrerin Ingrid Bjerger trägt roten Lippenstift, der häufig auf ihren Zähnen landet. Sie raucht, aber sie riecht immer gut.

„Markus, lauf dreimal um die Schule, und ich stoppe die Zeit", sagt sie.

Das ist eine der Arten, auf die sie mich beruhigt. Meine Beine wollen sich immer bewegen, und mir fällt es schwer, still zu sitzen. In der Pause spielen wir Fußball, und ich ärgere die älteren Jungen, damit sie mich jagen, weil ich die Aufregung spüren möchte.

Öckerö, die Insel, auf der die Familie meiner Mutter schon seit Generationen lebt, liegt in den Schären zwischen Vinga und Marstrand nördlich von Göteborg. Sie ist eine von zwei Gemeinden in Schweden, die nicht mit dem Festland verbunden ist. Die Insel ist nicht groß; es gibt zwar Autos, aber man kann überallhin zu Fuß gehen oder mit dem Rad fahren. Im Westen liegt das offene Meer mit einem Horizont, der niemals endet. Im Osten liegt Göteborg, und die Lichter der Stadt erhellen den Himmel, wenn es dunkel ist.

Auf Öckerö gibt es noch ein paar unbewohnte Orte, aber nicht viele. Die Häuser stehen nah beieinander. Unseres ist groß; Papa hat es auf

Omas und Opas Land gebaut, wo vor langer Zeit die Kühe weideten. Nur ein schwarz angestrichener Stahlzaun, den Opa in den Felsboden einbetoniert hat, trennt die beiden Grundstücke voneinander. Früher kletterten meine Geschwister und ich darauf herum und hängten uns kopfüber daran.

Unser Haus ist aus braunen Ziegelsteinen mit einer rauen Oberfläche gebaut, und das Dach ist mit dunklen Betonsteinen gedeckt, die mit Vogeldreck beschmiert sind. Die Möwen sitzen dort gern und kreischen. Fast jeden Tag klettere ich an einem Regenrohr hoch, ziehe mich über die Regenrinne und setze mich aufs Dach, um Wache zu halten. Dort bleibe ich, bis Mama ruft, dass ich herunterkommen soll.

Die anderen und ich haben eigene Zimmer im obersten Stockwerk. Im Keller haben wir einen großen, offenen Kamin. Zwei Brüder von der Nachbarinsel Fotö bauten ihn und das Fundament des Hauses. Papa sagt, er kam eines Tages nach der Arbeit zur Baustelle, um zu sehen, was los war, und einer der Brüder baute gerade den Kamin und Papa war der Meinung, dass er schief aussah. Er fragte sich, ob der Kamin wirklich so aussehen sollte.

„Er ist gut genug für Leute aus der Stadt", sagte man ihm.

ICH BIN Zehn und nehme an meinem ersten Lauf teil: dem Ö-varvet, zehn Kilometer auf Asphalt. Ich jogge die 500 Meter über den Hügel zur abgedeckten Eislaufbahn, wo der Lauf beginnen wird. Mein Onkel und mein zwei Jahre älterer Cousin stehen ebenfalls am Start.

Ich trage Turnschuhe, pinkfarbene Shorts und ein T-Shirt. Mama, Papa und meine Geschwister sind gekommen, um zuzuschauen. Mama fragt sich, ob es eine gute Idee ist – ist es nicht ein bisschen zu viel für einen Zehnjährigen?

Es geht los. Mein Cousin und ich bleiben zusammen und hängen meinen Onkel schnell ab.

Ein Kilometer nach dem anderen vergeht, und alles scheint in Ordnung zu sein. Wir laufen durch die Straßen von Öckerö, Seite an Seite, mein Cousin und ich. Keiner von uns beiden möchte langsamer werden. Ich schätze, er möchte nicht von seinem jüngeren Cousin geschlagen werden, und ich möchte einfach nur mithalten.

Ich laufe einfach, ich denke nicht, ich mache einen Schritt nach dem anderen. So weit bin ich noch nie gelaufen.

Die Ziellinie kommt immer näher. Wir sprinten, und mir tun die Beine weh. Es fühlt sich an, als gehörten sie nicht richtig zu mir.

Am Ende trennt meinen Cousin und mich eine Sekunde – meine Zeit beträgt 44 Minuten und 4 Sekunden, die Zeit meines Cousins 44 Minuten und 3 Sekunden.

Ich setze mich in den Schatten an die Wand der Eislaufbahn. Meine Beine zucken, als wären sie von mir getrennt. Die Nerven scheinen ein Eigenleben zu führen, und ich kann nichts dagegen tun.

Ich bekomme Nasenbluten. Ich spüre, wie das Salz von dem Schweiß auf meiner Stirn meine Haut steif werden lässt, und es schmeckt nach Eisen, als das Blut mir den Rachen hinunterläuft.

Was für ein Gefühl!

SONNTAGMORGEN IN DER KIRCHE. Die Zeit vergeht langsam. Oma und Opa sitzen ein paar Reihen hinter uns. Mama ist zu Hause auf dem Sofa.

Ich höre Opas Stimme, wenn wir singen. Er liebt die alten Kirchenlieder.

Ich finde sie sehr schwierig. Sie sind so hoch, und ich wage noch nicht einmal, zu versuchen, diese hohen Töne zu treffen. Meine eigene Stimme höre ich nicht gern. Ich weiß nicht, ob ich falsch singe. Es ist besser, zu schweigen.

Während der Predigt beginnen meine Beine zu zucken. Es ist dasselbe Gefühl wie am Pult in der Schule. Was mache ich hier?

Der Prediger benutzt Worte, die ich nicht verstehe. Er spricht vom Weltuntergang und sagt, Gott werde kommen und die Gerechten von den Ungerechten trennen, Kinder würden sich gegen ihre Eltern auflehnen und die Welt werde in Flammen aufgehen.

MAMA LIEGT UNTER ihrer Decke und weint. Oma ist bei ihr. Ich höre sie durch die Wand.

Mama weigert sich, herauszukommen. Sie hat das große grüne Medizinbuch gelesen und sagt, sie wisse jetzt, was mit ihr nicht stimme, warum sie Probleme mit dem Gleichgewicht habe und warum ihr Körper ihr nicht gehorche.

„Ich habe MS. Ich habe alle Symptome. Mein Sehnerv war entzündet, meine Beine sind taub und ich habe immer mehr Gefühl in den Armen verloren, seit ich ein kleines Mädchen war. Ich habe einen Körper, der mir einfach nicht gehorcht, und ich habe Probleme mit dem Gleichgewicht."

Als Papa von der Arbeit nach Hause kommt, wird er wütend. Er nimmt das große, dicke Buch und versteckt es.

Er möchte nicht, dass Mama weiter darin liest; wir wissen nicht, ob es wirklich MS ist. Die Ärzte haben keine richtige Diagnose gestellt.

Es ist sinnlos, voreilige Schlüsse zu ziehen.

ALS ICH IN DIE MITTELSTUFE KOMME, muss ich ins Ankaret umziehen, ein gelbes Holzgebäude am Hafen. Ich brauche fünf Minuten, um mit dem Fahrrad dorthin zu fahren, und fünf Minuten, um dorthin zu laufen.

Das Gebäude ist neben dem Gymnasium, und wir teilen uns eine Mensa mit den älteren Schülern. Ich ärgere sie auch. Ich kann nichts dagegen tun. Ich liebe es, von den Jungs vom Gymnasium verfolgt zu werden, zu spüren, dass sie näherkommen und dass sie mich verprügeln werden, wenn sie mich fangen. Es ist ernst. Durch den Adrenalinstoß, den ich spüre, wenn ich es gerade noch einmal schaffe, ihnen zu entkommen, kann ich bis zur nächsten Pause ruhig sitzen bleiben.

Meine neue Lehrerin heißt Ingrid. Sie hat graue Haare und trägt meist eine Strickjacke. Ich schreibe so klein, dass sie meine Worte mit einer Lupe lesen muss. Meine Geschichten handeln immer von Blut und Tod.

1988 BIN ICH ZWÖLF und nehme an meinem zweiten Lauf teil. Diesmal hat der Sportverein die Strecke geändert, sodass sie sowohl über Öckerö als auch über die Nachbarinsel Hälsö führt.

Ich habe mehr gespielt, bin mehr gelaufen und habe mehr Fußball gespielt. Deshalb bin ich stärker als letztes Mal. Ich habe richtige Sportschuhe, und ich habe mir die Laufhose von meinem Vater geliehen, eine schicke Hose aus synthetischem Material in den Farben der Nationalmannschaft. Weder mein Onkel noch mein Cousin nehmen teil. Ich kann also mein eigenes Rennen laufen.

Ich laufe schnell los; mein Körper macht mit und ich halte das Tempo. Ich laufe ohne Uhr. Ich höre einfach auf meinen Körper. Es tut weh, aber es funktioniert.

Mir gefällt das Hämmern in der Brust, und ich atme tief. Solange es so ist, werde ich nicht dieses taube Gefühl bekommen. In den letzten Jahren habe ich gelernt, auf der richtigen Seite der Grenze zu bleiben. Nach kaum mehr als 38 Minuten überquere ich die Ziellinie und bin sehr zufrieden.

AN EINEM SONNTAG VERPASSE ICH die Großevangelisation. Und das ist nicht gut. Ich spüre es in mir. Jeder war dort, aber ich spielte Eishockey.

An jenem Tag predigte Egon Sandström. Meine Freunde lernten, in Zungen zu sprechen, aber ich verpasste es. Die Mitglieder der Gemeinde fielen durch die Kraft des Heiligen Geistes zu Boden.

Unser Pastor ist nicht gerade begeistert: „Markus, du musst dich entscheiden. Welchen Weg möchtest du, den schmalen oder den breiten? Den, der in den Himmel führt, oder den, der in die Hölle führt? Du musst dich entscheiden."

AN EINEM SOMMERABEND GEHE ICH mit Opa Makrelen fangen. Opa war 17, als er zum ersten Mal sieben Tage lang durch dichten Nebel zum Fischen nach Island fuhr, und seitdem ist er Fischer. Er ist klein und stämmig, und seine Haare sind so weiß wie Zucker. Trotz seines Gewichts ist er agil und hat große Füße – Oma sagt, sie sind so groß, damit er bei hohem Wellengang fest auf Deck stehen kann.

Es ist gut, Opas Hilfe zu haben, wenn etwas abgerissen werden muss, sagt Papa. Für feinere Zimmerarbeiten ist er nicht so gut zu gebrauchen. Alles muss schnell gehen, und wenn ein Holzzapfen ein bisschen zu lang ist, sägt er ihn nicht ab, sondern nimmt den Vorschlaghammer und haut ordentlich drauf.

Es kann passieren, dass er einen gerade erst eingepflanzten Strauch abschneidet und erklärt, er habe ihn für Unkraut gehalten. Dann jagt Oma ihn mit einem Stock durch den Garten.

Er betrachtet alles wie frisch gefangene Fische, die sortiert werden müssen. Man muss sich beeilen, manche werden aussortiert und zurück ins Wasser geworfen, und alles wird gut, solange man sich Mühe gibt. Opa lässt sich durch nichts erschüttern. Schreiende Enkelkinder oder Jungen mit Beinen, die laufen müssen, sind kein Problem für ihn.

Wenn meine Cousins und ich auf einen hohen Baum klettern und ein besorgter Erwachsener denkt, wir würden herunterfallen und uns die Beine brechen, sagt Opa: „Ist halb so wild."

Gegen acht Uhr abends verlassen wir den Hafen. Die Sonne scheint, und die Luft ist mild. Opas Bruder ist auch dabei. Die Brüder sind absolut gegensätzlich. Opas Augen sind blau, die seines Bruders sind braun. Opa denkt, alles wird gut, während sein Bruder vorsichtiger ist und für jede Art von Schraube eine eigene Dose hat.

Als sie jung waren und Öckerös erstes Schiff mit Eisenrumpf besaßen, war Opa der Kapitän und sein Bruder kümmerte sich um den

Motor. Das war wahrscheinlich eine gute Arbeitsteilung: ein furchtloser Kapitän und ein äußerst sorgfältiger Mechaniker.

Wir fahren an Hälsö vorbei und erreichen das offene Meer. Die Kabine stinkt nach Diesel und Motoröl, und mir wird langsam übel von den Gerüchen und der Bewegung des Meeres. Opa lacht, als ich mich zum ersten Mal übergebe.

„Das geht gleich weg", sagt er.

Das Gefühl, dass sich mir der Magen umdreht, verschwindet kurz, kehrt aber bald wieder zurück. Es liegen noch viele Stunden vor uns, bevor wir wieder nach Hause kommen. Zuerst müssen wir zu der Stelle fahren, wo wir die Netze auswerfen, und dann müssen wir stundenlang sehr langsam gen Süden fahren, bis es Zeit ist, die Netze einzuholen.

Warum lerne ich nie? Warum fahre ich mit ihnen, wenn ich immer so seekrank werde?

Nachdem ich mich zum zehnten. Mal übergeben habe, lege ich mich im Frachtraum auf eine feuchte Matratze. Dort schlafe ich unruhig, bis Opa ruft, es sei Zeit, die Netze einzuholen, Zeit, an Deck zu kommen und zu helfen.

Nun, da es dunkel ist, brennen die Lampen auf Deck. Stück für Stück holen wir das Netz ein, ziehen die Fische heraus und legen sie auf Eis. Nach einer Stunde sind wir fertig und machen uns auf den Heimweg.

Der Bootssteg bewegt sich unter meinen Füßen, als ich darauf springe, alles dreht sich. Opa und ich fahren mit dem Rad nach Hause, als gerade die Morgendämmerung einsetzt, er zu seinem Haus, ich zu meinem.

JETZT WISSEN WIR GENAU, was nicht stimmt. Mama hat ihre Diagnose bekommen: multiple Sklerose.

Bei dieser Erkrankung des Nervensystems funktionieren die Signale vom Gehirn an die Muskeln nicht so, wie sie sollen. Das bedeutet, dass die Muskeln schwächer werden, was wiederum bedeutet, dass es schwerer wird, sich zu bewegen. MS verläuft meist in Schüben: Zu bestimmten Zeitpunkten geht es dem Körper schlechter, zwischendurch wird es ein bisschen besser.

Es muss aber nicht so ernst sein, sagen die Ärzte. Man kann verschiedene Arten von MS bekommen. Manche sind aggressiver, andere sanfter. Die Zukunft wird zeigen, welche Art Mama hat.

Abends, wenn sie nach oben geht, um mit meinen Geschwistern und mir das Abendgebet zu sprechen, muss Papa oder einer von uns ihr helfen. Meist bin ich es.

Abends ist Papa meist unten im Keller und macht die Buchhaltung. Er verkauft Büroausstattung, Kopierer und Schreibmaschinen. Die Firma heißt Torgebys Bürobedarf und hat ihren Sitz in der Altstadt von Göteborg, neben SKF, dem Kugellagerhersteller.

Papa ist gut im Verkaufen; er ist ehrlich und offen und die Leute mögen das. Papa übernahm die Firma von seinem Vater, als der an Darmkrebs starb. Damals war ich vier, und ich erinnere mich kaum an ihn.

Meine Schwestern sind wie zwei Seiten derselben Münze. Elin hat dunkle Haare und grüne Augen. Abends ist sie immer sehr munter, aber morgens ist sie fast tot. Sie sieht aus wie Papa. Ida ist abends müde und morgens ganz munter, und sie ist die Einzige in der Familie, die blond ist. Papa nennt sie Skorpan.

Jeden Abend ruft Mama am Fuß der Treppe, damit jemand ihr hinaufhilft, und dann beten wir: „Gott, der du die Kinder liebst, pass auf mich auf, denn ich bin klein …"

Mama kann nicht mehr nach draußen gehen, wenn es windig ist, da sie vielleicht umgeweht werden würde. Sie kann nicht mehr als Arztsekretärin im Lillhagens-Krankenhaus in Göteborg arbeiten und wurde krankgeschrieben. Sie kann ihre Hände nicht mehr dazu bringen, zu schreiben.

Stattdessen liegt sie auf dem Sofa und weint.

Oma verbringt jeden Tag Zeit mit ihr. Ich höre sie aus der Ferne. Mama macht sich Sorgen, was passieren wird.

„Wer wird sich um die Kinder kümmern, wenn ich es nicht mehr kann?"

Opa bringt jeden Tag die Zeitung herein. Ich höre ihn summen, wenn er durch die Garage geht. Er sagt nicht viel, er beobachtet nur still.

Mama ist 30 Jahre alt, und ihr Körper verfällt langsam.

Es ist sehr schwer für mich, dass Mama so viel weint, aber ich weiß nicht, was ich tun soll. Ich bin einfach frustriert.

Sie fängt an, einen Rollstuhl zu benutzen.

ICH HABE DIE MITTELSTUFE BEENDET und gehe für die letzten beiden Jahre auf eine neue Schule namens Bratteberg. Sie erscheint mir trocken und öde; harte Betonkorridore mit nummerierten Spinden an den Wänden. Ich komme nicht damit klar, drinnen zu sitzen, ich will raus. Ich mache keine Hausaufgaben, bin unmotiviert und mein Kopf fühlt sich schwer an.

Meine Beine haben einen solchen Bewegungsdrang, dass ich nicht ruhig auf einem Stuhl sitzen kann.

Sport ist das einzige Fach, das okay für mich ist. Vielleicht bin ich einfach ein bisschen dumm?

Als ich von der Schule nach Hause komme, ruht Mama sich auf dem Sofa aus und ihre Augen sind rot vom Weinen. Einer der Pfleger war da und hat geputzt, und auf dem Herd stehen Fleischklöße. Sie sind klein und rund, nicht so wie die, die Mama früher immer machte. Sie schmecken anders.

Es platzt einfach aus mir heraus: „Warum hörst du nicht endlich auf zu weinen? Ich will dich nicht mehr jammern hören."

Ich gehe zum ICA, dem Supermarkt, wo ich jede zweite Woche als Aushilfe arbeite. Ich bin für die Molkereiprodukte zuständig und bekomme 30 Kronen pro Stunde. Manchmal, wenn ich Hunger habe, geht mir zufällig ein Joghurtbecher kaputt, und ich verschlinge den Inhalt auf der Stelle im Kühlhaus.

AM ENDE DES JAHRES komme ich in die Auswahl für die nationalen Leichtathletikmeisterschaften der Schulen. Ich werde die 3.000 Meter im Stadium von Stockholm laufen.

Ich stehe früh auf, fahre mit der Fähre und dann mit dem Bus nach Heden, um von dort mit dem Fernbus nach Stockholm zu fahren. Der Einzige, den ich auf der Reise kenne, ist Per-Fredrik, ein Freund von der Nachbarinsel Hönö.

Er ist Schwedens bester Stabhochspringer. Wir kennen uns vom Eishockeyteam. 20 Stunden pro Woche laufe ich Schlittschuh oder spiele Eishockey. Das ist das, was ich tue, wenn ich nicht in der Schule bin oder beim ICA arbeite.

Ich bin zum ersten Mal in Stockholm, und ich bin total gestresst, weil ich nicht weiter als bis zum nächsten Haus sehen kann. Kein Horizont. Alles ist so nah an mir und bewegt sich so schnell.

Ich werde zum ersten Mal auf einer Bahn laufen. Ich jogge zwei Runden, um mich aufzuwärmen; der Tartan fühlt sich gleichzeitig hart und weich an – so etwas hatte ich noch nie unter den Füßen. Ich bin harten Fels und Asphalt gewohnt.

Ich habe mir Papas Laufschuhe ausgeliehen, ein Paar schwere Nikes, die an den Fersen gedämpft sind. Ich trage eine weiße Fußballhose und ein Trikot, das er anhatte, als er an einem Lauf in Göteborg teilnahm.

Die anderen Läufer haben Trikots und Shorts, die farblich aufeinander abgestimmt sind, und richtige Laufschuhe mit Spikes. Es ist das erste Mal, dass ich Spikes sehe. Sie sehen dünn und leicht aus.

Vom Start weg laufen die Jungs mit Spikes ein bisschen zurückhaltend; sie beobachten einander. Ich verstehe nicht, was sie vorhaben. Wenn man an einem Wettkampf teilnimmt, ist es doch sicherlich richtig, so schnell zu laufen, wie man kann. Bei meinen wenigen Wettkampfteilnahmen bin ich immer so schnell losgelaufen, wie ich konnte.

Ich führe und bleibe auch einige Runden vorn, mit meinen schweren Laufschuhen und meiner Fußballhose. Mein Selbstbewusstsein steigt. Die Zuschauer jubeln, es fühlt sich an, als würde jeder mich ansehen. Ich höre meinen Namen durch die Lautsprecher: „Markus Torgeby aus Öckerö ist in Führung!"

Die anderen sind hinter mir. Ich fühle mich großartig und laufe weiter so schnell, wie ich kann. Als wir nur noch zwei Runden vor uns haben, geben die erfahreneren Läufer Gas. Ich muss sie überholen lassen, und sie fliegen auf frischen Beinen an mir vorbei. Meter um Meter. Ich hole alles aus mir heraus, aber es ist sinnlos; der Abstand zwischen mir und den anderen wird nur noch größer.

Nach 9 Minuten und 50 Sekunden bin ich einer der Letzten, der die Ziellinie überquert, 150 Meter hinter dem Sieger.

Die Enttäuschung darüber, nicht mit den anderen mitgehalten zu haben, ergreift meinen gesamten Körper. Ich habe das Gefühl, jeder im Stadion starrt mich an.

DER VATER EINER meiner Mannschaftskameraden beim Eishockey sagt mir immer wieder, ich solle mich aufs Laufen konzentrieren. Er denkt, ich sollte beginnen, ernsthaft bei einem Verein in der Stadt zu trainieren.

„Markus, Laufen liegt dir", sagt er. „Beim Training läufst du den anderen locker davon. Und es ist offensichtlich, dass es dir Spaß macht. Du bist eher ein Einzelkämpfer und ich denke, dass Laufen genau dein Ding ist."

Ich gehe von der Schule und lerne im folgenden Sommer auf Björkö einen sehr guten Läufer kennen, der ein paar Jahre älter ist als ich. Wir verabreden uns für den nächsten Tag am Sportzentrum Slottsskogsvallen.

Ich fahre mit dem Rad zur Fähre, nehme den Bus 24 zum Hauptbahnhof und dann die Straßenbahn zum Slottsskogen. Nach einer Stunde und 40 Minuten bin ich da.

Wir treffen uns vor dem Eingang zur Sporthalle. Zusammen mit zwei anderen Läufern laufen wir uns auf der Vier-Kilometer-Runde um den Slottsskogen ein. Hier bin ich noch nie gelaufen, und mir gefällt es, mich zwischen Bäumen zu bewegen. Es riecht anders. Auf Öckerö gibt es kaum Bäume.

Wir werden Intervalle um die Azaleadalen laufen, eine große Wiese im Slottsskogen: achtmal 820 Meter mit 90 Sekunden Pause zwischen den Runden.

Es ist das erste Mal, dass ich Intervalle laufe, und ich weiß nicht, was mich erwartet, nur, dass ich so schnell laufen muss, wie ich kann. Es geht los, und die anderen Jungs geben Gas. Meine Beine brennen, und das Gras erschöpft meine Kräfte.

Am Ende der ersten Runde liege ich 20 Meter zurück. Ich bin kaputt, aber es fühlt sich okay an. Wir machen weiter, ein Intervall nach dem anderen. Jedes Mal liege ich 20 Meter zurück, aber nicht mehr. Ich werde immer erschöpfter, aber nur bis zu einem gewissen Punkt. Nach dem Training bin ich glücklich.

Wir laufen aus und gehen zur Sporthalle, um zu duschen und uns umzuziehen. Der Läufer aus Björkö erzählt mir, er habe keinen Trainer und wisse nicht, wie lange er noch laufen werde.

„Ich trainiere nur zum Spaß mit meinen Freunden, aber du solltest anfangen, mit einem Trainer zusammenzuarbeiten."

Er nickt in Richtung eines Mannes in der Ecke: „Siehst du den Kerl mit den kurzen dunklen Haaren? Er arbeitet als Lauftrainer für Örgryte. Ich kann ihn nicht leiden, er ist zu streng und schreit zu viel, aber er passt vielleicht zu dir."

Ich werde dem Trainer des bekannten Sportvereins vorgestellt, und wir beschließen, dass ich am nächsten Tag um 16.30 Uhr wiederkomme, um meine erste Einheit mit der Gruppe zu absolvieren.

ALS ICH AM NÄCHSTEN TAG ANKOMME, lehnt Patrik Sjöberg draußen lässig an einem kleinen Sportwagen und raucht. In der Halle gehe ich an den Hochsprungmatten vorbei, wo dürre Kerle einem Trainer zuhören, der mit einem seltsamen schwedischen Akzent spricht, und am Wurfkreis, wo muskulöse Jungen und Mädchen ihre Dehnübungen machen. Alle konzentrieren sich auf das, was sie tun.

Der Trainer und die anderen Läufer warten in der Kurve, wo sie sich immer vor dem Training treffen. Ich werde vorgestellt: Ein dünnes blondes Mädchen ist jünger als ich, während die anderen alle Jungs mindestens ein Jahr älter sind als ich.

Ich komme mir ein bisschen blöd vor, alle sehen mich an.

„Wir machen Intervalltraining im Änggårdsbergen", verkündet der Trainer. Zwölfmal 400 Meter auf einer hügeligen Runde mit jeweils 60 Sekunden Pause.

Wir laufen uns bis zum Start der Runde warm, dehnen uns und machen ein paar Sprints, bevor wir anfangen.

„Drei, zwei, eins, los!", ruft der Trainer, und alle preschen los.

Ich kann ganz gut mithalten, und je mehr Intervalle wir laufen, desto besser fühlt es sich an. Mir wird bewusst, dass das meine Stärke sein könnte, nicht Schnelligkeit, sondern Ausdauer.

Als wir fertig sind, laufen wir zur Halle zurück und schließen das Training mit ein paar Kräftigungsübungen ab. Bevor ich mich umziehe, sagt der Trainer: „Markus, in zwei Wochen finden die regionalen Meisterschaften über 800 Meter statt. Du solltest daran teilnehmen. Du kannst meine Spikes ausleihen. Bis morgen!"

DER WETTKAMPF FINDET im Slottsskogsvallen statt. In den 1940er-Jahren stellte Gunder Hägg hier seine Weltrekorde auf, in hart umkämpften Duellen mit Örgrytes Arne Andersson. Tausende Zuschauer feuerten sie an. Bei den regionalen Meisterschaften 50 Jahre später wurde die Asche durch eine rote Tartanbahn ersetzt, und die Tribünen sind leer.

Ich ziehe die Spikes meines Trainers an. Sie an meinen Füßen zu haben, ist ein ganz besonderes Gefühl. Ich spüre sie kaum. Es ist, als liefe man barfuß.

Als Startsignal bläst der Organisator in seine Pfeife, und ich bin in Bahn fünf. Links neben mir startet Edin Alivodic, der schwedische Juniorenmeister über 1.500 Meter Hindernis. Er ist der Favorit.

Ich habe keine Ahnung, wie es laufen wird. Ich weiß nur, dass 800 Meter eine kurze Distanz sind und das Rennen von Anfang an schnell sein wird.

Es geht los, und ich laufe Schulter an Schulter mit Edin. Das Tempo ist hoch. Nach 400 Metern bin ich müde, aber ein paar Körner habe ich noch. Ich bin ganz dicht an Edin dran und lasse nicht locker.

200 Meter vorm Ziel bin ich noch immer da, während die anderen langsam abreißen lassen müssen. 100 Meter vorm Ziel zieht Edin an, aber ich sauge mich an ihm fest wie ein Blutegel.

Nur zwei Zehntel nach ihm überquere ich die Ziellinie.

Nach dem Lauf gehe ich hustend auf und ab: Mein Hals und meine Lunge sind so schnelles, intensives Atmen nicht gewohnt. Der Trainer ist superzufrieden. Ich auch – mein erster 800-Meter-Lauf, und ich bin bis zum Schluss drangeblieben! Nicht mehr lange, dann werden die anderen meinen Rücken sehen.

Ich habe Schmetterlinge im Bauch. Das werde ich in meinem Leben tun. Es ist so einfach.

EINEN MONAT SPÄTER sitze ich im Bus von Göteborg nach Falun, um an meinen ersten nationalen Meisterschaften teilzunehmen. Der ganze Bus ist mit jungen Leuten aus verschiedenen Göteborger Vereinen besetzt. Wir alle sind zwischen 16 und 18 Jahren alt. Fast alle Gesichter sind neu für mich.

Die Stäbe der Stabhochspringer liegen im Mittelgang, und man sagt mir, ich solle nicht drauftreten. Die Stabhochspringer selbst sitzen alle zusammen in ihrem eigenen Bereich im Bus und spielen Karten. Die Sprinter und Springer sitzen zusammen, und die Werfer sitzen getrennt von den anderen.

Es ist nicht schwer, zu erkennen, wer welche Disziplin betreibt: die großen, schlaksigen Hochspringer mit den nach hinten gegelten Haaren; die kräftigen, pickeligen Werfer mit Kopfhörern. Die Stabhochspringer sind die Lebhaftesten, sie quatschen pausenlos.

Ich werde die 3.000 Meter in der Altersklasse der 16-jährigen Jungen laufen. Die Gruppe ist hart, mit vielen guten Läufern, die schon jahrelang trainieren. Ich weiß nicht, ob ich bereit bin, aber der Trainer denkt, dass ich laufen soll, auch wenn er selbst zu Hause bleibt.

Wir reisen am Tag vor dem Wettkampf an und checken in ein billiges Hotel ein. Am Abend gehe ich mit den Stabhochspringern und ihrem Trainer chinesisch essen. Sie sprechen über verschiedene Stäbe und über ihre Anfangshöhen beim Wettkampf. Ich selbst habe keine Ahnung von gar nichts – alles ist neu für mich.

Am Wettkampftag wache ich wieder mit Schmetterlingen im Bauch auf. Ich fühle mich total energiegeladen und bereit.

Der Start rückt näher. Ich wärme mich auf und mache ein paar schnelle Sprints. Ich trage die Spikes meines Trainers. Auf den Tribünen und um die Laufbahn herum stehen viele Zuschauer.

Als ich an der Startlinie stehe, habe ich das Gefühl, genau am richtigen Ort zu sein. Ich werde alles geben. Wenn irgendjemand schneller laufen will, als ich laufen werde, dann muss er schon wahnsinnig schnell sein.

Nach dem Start ist das Tempo hoch, aber nach etwa einer Runde beruhigt es sich ein bisschen und ich beschließe, die Führung zu übernehmen. Ich laufe so schnell, wie ich kann. Zwei Runden vor dem Ziel fallen einige zurück, aber die Besten halten das Tempo. Die Glocke läutet die letzte Runde ein, und wir nähern uns dem Zielsprint. Ich habe keine Kraftreserven mehr und werde Vierter, drei Sekunden hinter dem Gewinner.

Ich bin tief enttäuscht, aber ich denke trotzdem noch, dass das genau mein Ding ist. Mit den besten Läufern aus ganz Schweden an der

Startlinie zu stehen, mit der Einstellung, dass es schwer wird, mich zu schlagen. Das ist ein fantastisches Gefühl.

MEIN TRAINER TRINKT viel Kaffee. Immer dieselbe Marke, Löfbergs Lila. Aus einer Thermosflasche schüttet er ihn in eine weiße Plastiktasse. Er arbeitet nachts und sieht häufig sehr müde aus.

Seine Angaben sind immer sehr klar und eindeutig und genau: in welchem Tempo ich die Intervalle laufen soll, wie lang die Pausen sein sollen. Mir gefällt es, Anweisungen zu bekommen. Ich muss nicht nachdenken, nur das tun, was der Trainer sagt.

Ich möchte in einer physischen Welt sein. Alles einfach und konkret.

Mamas Tränen existieren nicht. Es geht nur ums Laufen.

Das Leben hat Klarheit.

MEINE ZWEITEN NATIONALEN Meisterschaften: 1.500 Meter in der Altersklasse der 18-jährigen Jungen.

Der Wettkampf findet in der Halle statt, auf Laufbahnen, auf denen ich jeden Tag trainiere. Es ist Februar und kalt draußen. In meinem Körper stecken acht Monate ernsthaften Trainings. Ich habe mehr Muskeln und bin zäher.

Mama und Papa sind gekommen, um zuzuschauen. Mama sitzt in ihrem Rollstuhl, ihr Kopf fällt nach vorn, und Papa ist an ihrer Seite und hilft ihr.

Bevor ich mich für das Finale aufwärme, setzt mein Trainer sich neben mich. Er versucht, mich anzuspornen, und sagt: „Markus, heute gibt es nur einen, der gewinnen kann, und das bist du. Niemand sonst."

Das macht mir Mut. Aber es macht mich auch nervös. Meine Arme fühlen sich schwerer an, und die Blasen in meiner Brust werden größer. Woher soll er wissen, dass ich der Einzige bin, der gewinnen kann?

Die Halle ist gerammelt voll. Es ist stickig, und Nervosität liegt in der Luft. Ich kann nicht still sitzen.

Alle Teilnehmer bringen sich auf ihre eigene Art und Weise in Stimmung. Manche reden nervös, andere legen sich in eine Ecke und hören über Kopfhörer Musik. Ich gehe nach draußen zwischen die Bäume im Slottsskogen, an einen kälteren und ruhigeren Ort, wo ich mich allein aufwärme. Ein paar Minuten vor dem Start jogge ich zurück und ziehe schnell die Spikes an.

Ich stehe an der Startlinie. Jetzt zählt es.

Der Startschuss ertönt, und wir laufen los. Wir werden siebeneinhalb Runden auf der 200-Meter-Bahn laufen. Alles scheint gut zu funktionieren, mein Körper spielt mit und ich fühle mich stark.

Eine Runde vor Schluss gehe ich in Führung und gebe alles. 50 Meter vorm Ziel bin ich immer noch vorn, alles wird gut, gleich gewinne ich. Mann, das ist ein Riesending!

Als Erster überquere ich die Ziellinie und reiße die Arme in die Höhe. Ich habe zum ersten Mal die schwedischen Meisterschaften gewonnen.

Dann höre ich die Glocke, die anzeigt, dass ich noch eine Runde laufen muss.

Ich laufe wieder los, aber meine Beine sind schwer und voller Laktat. Endlich beginnen die Beine doch wieder, sich zu bewegen, und ich stolpere als Achter über die Ziellinie.

Was war los? Wie konnte ich eine ganze Runde vergessen? Ich war doch nicht so erschöpft, dass mein Hirn die Verbindung zu meinem Körper verloren hat.

Ich gehe zu meinen Eltern.

„Es läuft nicht immer alles rund", sagt Papa. „Das war nicht dein letzter Wettkampf."

Auf der Tribüne treffe ich mich mit meinem Trainer. Er sagt kein Wort.

Anschließend gehen Mama, Papa und ich zum Auto. Papa hebt Mama in den Beifahrersitz und hilft ihr mit dem Sicherheitsgurt.

Im Straßencafé Sjuans auf der Vasagatan trinken wir einen Milch-shake. „Das ist der Beste in der ganzen Stadt", sagt Papa. Ich trinke einen Schoko-Milchshake und fühle mich hinterher nicht besonders gut.

Als wir nach Hause kommen, muss ich nach draußen gehen und laufen.

ICH WERDE INS TRAINING HINEINGESOGEN. Es ist wie ein schlummerndes Bedürfnis, das endlich befriedigt wird.

Ich stecke meine gesamte Rastlosigkeit und Nervosität ins Laufen, und ich laufe, bis meine Beine und meine Lunge brennen. Beim Laufen gibt es keine Gedanken, nur tiefes Atmen und meine Beine und einen Rhythmus, der mich beruhigt.

Ich mache, was mein Trainer sagt, und noch ein bisschen mehr. Mehr ist besser.

Frühmorgens fahre ich mit der Fähre und dem Bus in die Stadt, um zu trainieren, bevor ich zur Sportschule in Frölunda fahre. Ich verbringe den ganzen Tag in der Schule und trainiere danach weiter. Dann fahre ich mit dem Bus zur Fähre und gehe die letzten vier Kilometer zu Fuß nach Hause.

Manchmal leihe ich mir Opas Fahrrad, ohne zu fragen, und stelle es an der Fähre ab. Ziemlich oft vergesse ich das Schloss. Dann muss ich das Fahrrad in den Büschen ein paar hundert Meter weiter verstecken. Manchmal ist es verschwunden, wenn ich zurückkomme.

Oma ist immer wütend: „Markus, du suchst jetzt sofort Opas Fahrrad!"

Oma ist gar nicht schön, wenn sie verärgert ist. Warum lerne ich nicht, das Fahrrad abzuschließen? Ich weiß, was passiert, wenn es verschwunden ist.

Ich muss über die ganze Insel laufen, um es zu finden.

Wenn ich abends nach Hause komme, sind meine Beine schwer und mein Magen fühlt sich leer an. Seit dem Mittag habe ich nichts mehr gegessen. Mein Hirn scheint langsamer zu arbeiten, und ich brauche etwas Süßes.

Mama ist schon im Bett. Sie ist müde und liegt auf dem Bauch. Ich lege mich kurz neben sie. Das mache ich jeden Abend. Das ist unsere Zeit.

Wir reden über den Tag, darüber, was passiert ist und was wir uns wünschen. Mama sehnt sich danach, gesund zu sein. Wünscht sich, dass Gott ihre Beine wieder stark macht.

„Ich will nicht mehr hier liegen. Das ist langweilig. Ich will raus."

Ich esse Müsli und trinke Limo. Nach dem langen Tag fühlt mein Körper sich träge an.

Ich freue mich schon auf die nächste Trainingseinheit.

ICH NEHME AN EINEM CROSSLAUF in Eksjö teil – vier Kilometer über dieselbe hervorragende Grasstrecke, auf der ein paar Wochen später die schwedischen Crosslaufmeisterschaften stattfinden werden. Vom ersten Schritt an gebe ich Gas. Mein Trainer steht an der Strecke und schreit, so laut er kann. Alles läuft wie von selbst, und ich gewinne mühelos.

Als ich die Ziellinie überquere, ist mein Trainer zufrieden: „Markus, das gibt Hoffnung für die nationalen Crosslaufmeisterschaften. Wir peilen das Podest an."

Ich spüre, wie mein Magen sich verkrampft.

Dann absolviere ich sehr hartes Intervalltraining auf dem Gras von Azaleadalen, gefolgt von langen Intervallen im Änggårdsbergen. All das, um meine Form weiter zu verbessern. Tag für Tag.

Vier Wochen später sind wir wieder in Eksjö. Ich beginne, mich aufzuwärmen.

„Jetzt gilt's, Markus", sagt mein Trainer.

Ich bin nervös. Ich fühle mich schwer.

Ich ziehe die Wettkampfschuhe an, leichte Reeboks mit 15-Millimeter-Spikes, und mein Wettkampftrikot im Blau und Rot von Örgryte.

Wir verteilen uns an einer langen Linie, die anderen Läufer und ich. Der Startschuss fällt, und sofort stürmen alle los. Aber meine Beine sind wie tot, sie funktionieren einfach nicht. Ich versuche es mit allen Kräften, aber sie funktionieren einfach nicht.

Mein Trainer ruft: „Los, Markus, gib Gas!"

Nichts hilft. Es ist, als wären meine Beine mit Zement gefüllt. Ich komme weit nach dem Sieger ins Ziel und schäme mich. Was mache ich hier? Wie schwach bin ich bloß, dass ich nicht schnell laufen kann, wenn es darauf ankommt?

Ich will einfach nur nach Hause fahren, nach draußen gehen und mich mit einer richtig harten Intervalleinheit bestrafen.

Um einfach alles zu vergessen.

MAMA SITZT ZUSAMMENGESACKT in ihrem Rollstuhl und telefoniert. Sie braucht beide Hände, um den Hörer festzuhalten. Ihre Arme zittern.

Wahrscheinlich ist es Per-Olof. Er hat ein Alkoholproblem und ruft Mama oft an, wenn es schlecht bei ihm läuft.

Mama hört in erster Linie zu. Sie ist zu müde, um viel zu reden. Stattdessen muss sie auf eine besondere Art sprechen, um mit wenigen Worten viel zu sagen.

Es ist nicht immer leicht, sie zu verstehen.

Es ist Frühling und ich bin rastlos. Ich möchte nach draußen in die Sonne, nach oben in die Hügel und einen Felsen finden, der mir Windschutz bietet. Ich möchte allein sein.

Mama bittet mich, den Vorhang zuzuziehen. Sie möchte immer, dass es perfekt gemacht wird. Nichts nervt mich mehr, als die Vorhänge auf diese bestimmte Art öffnen oder schließen zu müssen. Jeden Tag dasselbe Problem mit den Vorhängen.

Ich weiß, dass sie mich darum bittet, weil sie es nicht selbst kann, aber ich werde trotzdem wütend: „Mama, deine Vorhänge sind mir scheißegal! Ich habe keinen Bock."

Mama bricht in Tränen aus. Ich gehe nach draußen.

ICH WERDE DIE 1.500 METER in Mölndal laufen. Ich habe keine Lust darauf. Sobald ich mich anstrenge, scheinen sich meine Beine zu verkrampfen.

Mittlerweile trainieren wir mehr auf der Bahn, und ich laufe jeden Tag außer Sonntag Intervalle.

Der Trainer lässt nicht locker: „Markus, Wettkämpfe tun dir gut. Warum trainierst du, wenn du nicht an Wettkämpfen teilnehmen willst? Darum geht es doch, oder nicht? Im Training läufst du schnell, und dann ist es Zeit, das auch im Wettkampf zu zeigen."

Als er das sagt, spüre ich schwarze Schmetterlinge, die in meiner Brust umherflattern.

Je näher der Wettkampf rückt, desto schwerer werden meine Beine. Mehrfach am Tag gehe ich auf die Toilette. Ich kann kein Essen mehr bei mir behalten. Alles kommt unverdaut wieder heraus.

Atmen fällt mir schwer. Jeder Atemzug fühlt sich sehr flach an. Ich möchte härter trainieren, aber ich habe komplett die Lust verloren, mich anzustrengen.

Jeden Tag habe ich Nasenbluten. Ich bin mir sicher, dass ich Leukämie habe.

An der Startlinie weiß ich, dass es schiefgehen wird. Mein gesamter Körper ist voller Laktat, bevor ich überhaupt losgelaufen bin.

Ich will nicht hier sein. Ich möchte allein durch die Hügel laufen.

„Komm, Markus, jetzt zählt's!", ruft mein Trainer.

Nach der ersten Runde liege ich eine Sekunde hinter dem Führenden, und meine Nervosität macht meine Beine schwer. Mein Trainer ruft: „Bleib dran! Nicht zurückfallen! Gib Gas!"

Nach zwei Runden liege ich drei Sekunden zurück. Keine Energie. Mein Körper ist komplett steif.

Ich wanke über die Ziellinie.

„Was ist los, Markus?", fragt mein Trainer. „Du läufst ja selbst im Training schneller."

„Ich weiß nicht, was los ist", antworte ich. „Ich bin einfach kaputt."

„Markus, ich weiß, dass du schneller laufen kannst, als du heute gelaufen bist. Wenn du an den Landesmeisterschaften teilnehmen möchtest, solltest du langsam mal in Wettkämpfen eine vernünftige Leistung abliefern. Morgen machen wir wieder Intervalle. Bis dann!"

DIE FUßBALLWELTMEISTERSCHAFTEN in den USA beginnen, und im schwedischen Sommer bricht die Hitze alle Rekorde. Meine Familie macht einen zweiwöchigen Urlaub auf dem Boot, und ich komme mit. „Es gibt keine Alternative", sagt Papa. „Wir wissen nicht, wie lange Mama noch auf ein Boot kommen kann, also müssen wir die Gelegenheit nutzen, solange es noch geht."

Ich würde lieber zu Hause bleiben. Zwei Wochen ohne richtiges Training sind nicht gut. Mein Trainer ist auch nicht begeistert, dass ich mitten in der Saison zwei Wochen lang wegfahre.

Ich stecke zwischen zwei willensstarken Menschen fest. Aber Papa lässt sich nicht auf Diskussionen ein.

Wir segeln entlang der Westküste nach Norden, an Lysekil vorbei in Richtung der Koster-Inseln. Das Boot ist fast zehn Meter lang und bietet genug Platz für eine Familie mit vier Kindern.

Der Rollstuhl liegt zusammengeklappt am Heck. Papa ist am Steuer, und Mama sitzt neben ihm.

Alles ist schön und ruhig. Wann immer wir möchten, gehen wir an Land. Wir schwimmen, und ich tauche 70 Meter weit und springe von hohen Felsen ins Wasser. Papa fährt Wasserski und fällt mit weit gespreizten Beinen hintenüber. Mama lacht so sehr, dass ihr die Tränen kommen.

Zurück zu Hause fühle ich mich komplett erholt. Am Montag beginnt das Training wieder.

„Am Donnerstag machst du einen Testlauf über 2.000 Meter Hindernis", kündigt mein Trainer anschließend an.

Bevor ich nach Hause fahre, dehne ich mich. Ich habe zwar schon ein bisschen Hindernistraining gemacht, aber ich habe noch nie an einem Wettkampf teilgenommen, mit dem Wasser und allem Drum und Dran. Trotzdem denke ich, dass es Spaß machen könnte. Ich kann mich nicht erinnern, wann ich mich zum letzten Mal so fühlte.

Am Donnerstag wärme ich mich auf und mache meine Sprints. Mein ganzer Körper macht mit. Alles fühlt sich locker an.

Als mein Trainer das Startsignal gibt, bin ich bereit.

Allein gegen die Uhr, und ich weiß, dass es gut laufen wird.

Ich laufe los; die Runden vergehen, und es macht sich gar keine Erschöpfung breit. So etwas habe ich noch nie erlebt.

Nach fünf Runden überquere ich in einer Zeit von 5 Minuten und 50 Sekunden die Ziellinie.

Die Zeit ist handgestoppt, und es war nur ein Testlauf, also wird sie nicht offiziell anerkannt. Aber ich weiß, dass kein anderer schwedischer Läufer in meiner Altersklasse diese Distanz dieses Jahr schneller gelaufen ist.

DER TRAINER IST HELLAUF BEGEISTERT. Endlich haben wir das Richtige gefunden. Der Hindernislauf ist genau mein Ding.

Ich werde für meinen ersten Hinderniswettkampf angemeldet – die 3.000-Meter-Bezirksmeisterschaften in Göteborg.

Am Wettkampftag wärme ich mich auf, indem ich die lange Runde im Slottsskogen laufe, an der Azaleadalen vorbei in Richtung des Museums für Naturgeschichte, vier Kilometer lockeres Joggen und ein paar Sprints. Dann ziehe ich die Spikes an, und es ist Zeit, zum Start zu gehen.

Ahmed Mohamed steht auch an der Startlinie. In der Juniorenklasse zählt er zu den besten Hindernisläufern in ganz Schweden.

Es geht los. Genau hier möchte ich sein. Aufgeregt, aber entspannt.

Runde um Runde laufen wir zusammen, Seite an Seite. Wir sind beide schnell und überqueren gemeinsam die Ziellinie.

Mein Trainer kommt direkt zu mir und sagt, ich hätte die Chance, mich für die Junioreneuropameisterschaften im nächsten Sommer zu qualifizieren. Seine Augen leuchten: „Du musst nur ein paar Sekunden schneller laufen, aber das wird kein Problem sein. Du hast ein ganzes Jahr lang Zeit, und das war erst das erste Mal, dass du 3.000 Meter Hindernis gelaufen bist. Denke dran, Markus. Es gibt viele Details, an denen du noch arbeiten kannst."

ICH SCHNALLE MAMA in ihrem Rollstuhl an und ziehe meine Rollerblades an. Anschließend lehne ich den Rollstuhl nach hinten, sodass die Vorderräder den Boden nicht berühren. So ist der Widerstand geringer und der Rollstuhl vibriert bei höheren Geschwindigkeiten nicht so stark. Dann fahren wir los.

Wir drehen eine Runde um Öckerö, erst zur Hönöbron, dann über den steilen Kandalsliabacken und von dort direkt zur Hälsöbron. Bergab erreichen wir 40 Kilometer pro Stunde. Der Gurt vor Mamas Bauch verhindert, dass sie aus dem Rollstuhl fällt, wenn ich bremsen muss.

Bei hoher Geschwindigkeit weht der Wind ihre Haare nach hinten, und die dicken Strähnen kitzeln mich an der Nase. Mama hat keine Angst. Sie liebt die Geschwindigkeit.

ICH PUTZE MAMA DIE ZÄHNE. Sie kann die Zahnbürste nicht mehr festhalten, ihre Hände zittern zu stark. Papa hat eine elektrische Zahnbürste gekauft, die wir benutzen.

Ich bin müde und bekomme Nasenbluten.

Ein Mathetest steht an, und ich verstehe nicht, wie die Zahlen zusammenhängen. Sie sind wie eine Art von Nebel. Ich denke, ich bin wahrscheinlich ein bisschen dumm.

In meinem Zimmer mache ich 200 Liegestütze und 200 Sit-ups. Das dauert fünf Minuten, und ich mache es jeden Abend vor dem Schlafen.

Dann öffne ich das Fenster und schalte die Heizung aus. Nachts ist mein Körper warm.

Ich lege mich so ins Bett, dass mein Kopf das Kopfteil berührt. Ich möchte Druck auf meinem Kopf spüren. So schlafe ich schneller ein.

ICH SITZE IM Morgenbus, bin auf dem Weg in die Stadt und hasse es, mich eingeengt zu fühlen. Die Schule ist nichts für mich. Mein Hirn fühlt sich an wie Molasse.

Aber als Erstes muss ich zum Slottsskogen, um zu trainieren. In der Sporthalle ziehe ich mich um und mache dann allein einen Dauerlauf im Änggårdsbergen. Erst durch den botanischen Garten, dann berg-auf.

Von oben hat man eine schöne Aussicht über Göteborg: Man sieht die Älvsborgsbron im Westen, am anderen Flussufer den Kran von Eriksberg, das Überbleibsel der ehemaligen Werft, und dahinter die Schären und das Meer. Ich kann die Autos auf der Straße nach Särö ausmachen und das Quietschen der Straßenbahnen hören.

Hier möchte ich sein. Das hat den Druck in meinem Hirn gelindert. Es spielt keine Rolle, dass ich eine Stunde zu spät zur Schule komme. Es interessiert mich einfach nicht, es ist unwichtig.

Sobald ich am Markt von Frölunda aus dem Zug steige und zur Schule gehe, fühlen meine Beine sich an, als wären sie aus Blei. Je näher ich der Schule komme, desto schwerer werden sie.

Ich verstehe nicht, warum ich drinnen festsitzen und etwas tun soll, was ich nicht tun möchte. Ich mache keine Hausaufgaben und habe bei jedem Test die schlechteste Note der Klasse.

Ich will einfach nur laufen.

DER VATER MEINER EHEMALIGEN FREUNDIN schenkt mir eine Ausgabe von *Walden*.

„Bitte", sagt er. „Ich denke, es wird dir gefallen."

Das Buch spricht mir aus der Seele. Der Autor schreibt über all die Dinge, über die ich nachdenke: die einfachen und konkreten Dinge, das, was man im Körper spürt. All das, was ich erlebe und was mir durch den Kopf geht, wenn ich laufe. Dinge, über die ich noch nie mit jemandem gesprochen habe.

Er schreibt über das Jahr, als er in einem Häuschen am See lebte. Über die Natur. Über den Wald, die Seen, das Gras und die Jahreszeiten. Darüber, wie die Pflanzen wachsen und was er anzieht.

Ich erwäge, auch etwas in der Art zu tun. Wegzuziehen und zu sehen, wie es mich beeinflusst.

EINES TAGES WARTE ICH NACH dem Nachmittagstraining allein an der Haltestelle auf die Straßenbahn an der Marklandsgatan. Ich bin in meiner eigenen Blase, denke darüber nach, wie das Meer im Wind Wellen schlägt. Über meine Kopfhörer höre ich Mazzy Star.

Eine Gruppe Jungs kommt auf mich zu. Sie umzingeln mich.

„Du weißt schon, dass du dumm bist, oder?", sagt ein kleiner Typ mit fettigen schwarzen Haaren.

„Was meinst du?", entgegne ich.

„Verarsch mich nicht, du Wichser. Du bist dumm. Sag's schon!"

„Du willst, dass ich sage, ich bin dumm?"

„Genau. Sag's einfach. Sonst polieren wir dir die Fresse."

Ich will dem kleinen Arsch ein paar aufs Maul hauen, aber es sind zu viele.

„Okay, ich bin dumm."

Sie lachen mich aus.

„Was hast du dabei?", fragt der schmierige Typ.

„Nur ein Busticket."

„Kein Geld?"

„Nö."

Die Straßenbahn, die sie nehmen wollen, kommt.

„Noch mal Glück gehabt, Wichser. Nächstes Mal bist du dran."

Als sie in die Straßenbahn gestiegen und die Türen geschlossen sind, zeige ich ihnen durch das Fenster den Mittelfinger.

WINTERTRAINING, 1.000 Meter bergauf im Änggårdsbergen. Das mache ich einmal pro Woche. Mir gefällt es, Hügel in Angriff zu nehmen. Bergauf kann man sich nicht ausruhen, man strengt sich konstant an.

Letzte Woche bin ich durchschnittlich 3 Minuten und 8 Sekunden pro Kilometer gelaufen. Dann war ich fix und fertig.

Ich möchte jetzt nicht schlechter sein, aber ich glaube nicht, dass ich schneller laufen kann.

Die Luft ist feucht. Ich trage ein Shirt, eine lange Hose, keine Mütze und nur dünne Handschuhe. Ich werde achtmal bergauf laufen, und die Pausen bestehen daraus, den Kilometer wieder nach unten zum Start zu joggen.

Mein Trainer steht am Fuß des Hügels. Er möchte die Zeit von jedem Intervall wissen.

Ich laufe los, und mein Körper gehorcht mir nicht. Meine Atmung ist forciert. Harte und tiefe Atemzüge, die ich in meinem Brustbein spüre. Ich versuche, die Schultern nicht hochzuziehen. Mein Körper ist tot. Das erste Intervall beende ich nach 3 Minuten und 10 Sekunden.

Ich mache Rückschritte, ich bin schlechter als letzte Woche. Ich bin ein Loser.

Ich versuche, schneller zu laufen, aber ich kann mich nicht richtig ins Zeug legen. Ich bin zum Stillstand gekommen.

Ich möchte meinem Trainer die Zeit nicht mitteilen, aber ich mache es trotzdem. Ich bleibe hinter den Erwartungen zurück. Ich will alles hinschmeißen.

Es fühlt sich schwerer und schwerer an, und der Durchschnitt für die acht Intervalle liegt bei 3 Minuten und 14 Sekunden.

ICH SPÜRE DIESE SCHWERE in meinem Körper, die einfach nicht weggeht. Eine Angst, die sich dort eingenistet hat, die ich aber nicht wirklich fassen kann.

Ich bin erschöpft, aber ich trainiere trotzdem zweimal pro Tag. Ich habe immer Hunger, aber ich esse nicht.

Langsam bekomme ich dieselben Symptome, die Mama hatte, bevor sie richtig krank wurde: schwere Beine und das Gefühl, dass mein Körper mir nicht gehorcht. Meine Beine sind taub und meine Füße kribbeln. Treppensteigen fällt mir schwer, ich werde kurzatmig.

Ich kann die dunklen Gedanken nicht unterdrücken, wenn sie kommen: Ich werde krank, so wie Mama.

Die Geister in meinem Kopf tauchen auf, wenn ich am wenigsten damit rechne: im Bus, wenn ich im Bett liege und schlafen möchte, in der Schule. Wenn sie kommen, wird meine Atmung flach, ich erhalte nicht genug Sauerstoff, meine Arme werden steif, ich habe Angst.

Mein Kopf fühlt sich an wie ein Wäschetrockner.

Papa und ich streiten uns. Jeden Abend, wenn ich vom Training komme, geraten wir aneinander. Ich bin nachlässig, lasse meine Klamotten überall liegen, hänge meine nassen Handtücher nicht auf. Sie schimmeln und stinken.

Papa ist außer sich, er hat Besseres zu tun, als mir hinterherzuräumen.

Ich verstehe ihn, aber ich kann mich nicht ändern. Ich habe nicht genug Energie, um mich selbst in Ordnung zu bringen.

Ich kann es einfach nicht.

Ich möchte den ganzen Druck verringern, aber ich weiß nicht, wie. Oben in meinem Kopf rumort es die ganze Zeit.

Es ist nur ruhig, wenn ich intensives Intervalltraining mache oder allein über die Felsen von Öckerö laufe.

DER FRÜHLING GEHT IN DEN SOMMER ÜBER, es sind Ferien und ich beginne einen Ferienjob bei der Gemeinde. Meine Aufgabe ist es, die Strände vom Seetang zu befreien. Von sieben Uhr morgens bis zwei Uhr nachmittags fahre ich über die Inseln und arbeite mit einer Mistgabel vor mich hin. Es ist anstrengend, aber ich kann die ganze Zeit draußen in der Sonne und im Wind verbringen. Ich kann jeden Tags aufs Meer sehen, lauschen, wie es klingt, je nachdem, aus welcher Richtung der Wind kommt.

Ich kann ganz in meinem Körper sein und arbeiten, bis der Schweiß überall heruntertropft.

Beim Frühstücken setze ich mich draußen auf die Felsen. Ich sehe, wie die Sonne das Meer verfärbt. Bevor ich weiterarbeite, laufe ich ein Stück.

Ich laufe an den Klippen im Westen von Öckerö entlang, über Heidekraut und Steine, springe mit großen Schritten über Spalten. Ganz allein, niemand sonst ist zu sehen. Donner liegt in der Luft, die Hitze ist bedrückend. Über der Stadt hängen dunkelblaue Regenwolken.

Ich laufe nach Rävholmen, an dem Sandstrand vorbei, wo ich als Kind schwamm, als Mama noch laufen konnte. Über die Hügel laufe ich zur Felsnase Jakobsspratt. Ich blicke über den Rand und kann unten nichts sehen. Ich mache einen Schritt zurück, nehme Anlauf und springe.

Ich fliege durch die Luft. Mein Magen zieht sich zusammen.

13 Meter weiter unten lande ich im Wasser.

Ich schwimme in meinen Laufsachen, einschließlich Schuhen, durch die Meerenge nach Hönö, 400 Meter langsames Brustschwimmen. Auf der anderen Seite laufe ich weiter, an den kleinen Buchten vorbei ganz bis zum anderen Ende der Insel. Ich bin nicht erschöpft. Der Leuchtturm von Vinga ist ein paar Kilometer von hier entfernt. Die Boote kehren mit dem Fang der Nacht zurück.

Ich laufe weiter nach Fotö über die große Brücke. In alle Richtungen eine tolle Aussicht. Ich sehe die Kräne von Göteborg. Die Morgensonne. Den Horizont.

Ich laufe am alten Hafen und am Eisstand vorbei. Meine Beine werden langsam ein bisschen taub von dem harten Straßenbelag, und ich mache mich auf den Rückweg. Ich komme mit einem leicht salzigen, wunden Gefühl zwischen den Beinen zurück.

Mein Kopf fühlt sich leicht an, mein Körper sauber und rein.

An den Abenden nach der Arbeit fahre ich mit dem Bus in die Stadt, um zu trainieren. Der Bus ist warm und feucht, voller Menschen, die nach Göteborg fahren, um rumzuhängen.

Wenn ich spätabends vom Training nach Hause komme, gehe ich schwimmen. Ich springe von den Felsen, die von der Sonne noch warm sind. Ich schwimme unter Wasser, tief unten in der Dunkelheit, und zähle die Schwimmzüge, um zu sehen, wie weit ich komme. Je tiefer ich tauche, desto stärker wird der Druck auf meiner Brust. Wenn er zu stark wird, tauche ich wieder auf. Der Druck lässt mit jedem Zug nach. An der Wasseroberfläche atme ich tief ein. Die Ruhe kehrt zurück.

Wiedergeboren. Ich möchte nirgendwo anders sein als hier. Am Meer, auf dem warmen Granit.

Ich dusche nicht, das Schwimmen reicht. Meine Haare sind steif vor Salz.

ALS DIE SOMMERHITZE ihren Höhepunkt erreicht, wird das Leben schwer für Mama. Durch die Krankheit reagiert sie empfindlich auf Hitze; der Thermostat ihres Körpers funktioniert nicht. Sie muss eine Kühlweste benutzen, damit ihre Körpertemperatur sinkt.

Mama liegt im Schatten und sehnt sich danach, etwas zu unternehmen; ich sehe es. Sie möchte schwimmen, sich abkühlen. Das Salz im Gesicht spüren.

Ich frage sie, ob sie mit zum Schwimmen kommen möchte.

„Auf jeden Fall", antwortet sie.

Sie ist schon seit vielen Jahren nicht mehr geschwommen, aber was soll's. Ich helfe ihr in den Badeanzug, und wir bringen den Rollstuhl zum Strand bei Bagglebo. Obwohl Mama die ganzen Jahre im Rollstuhl sitzt, ist sie immer noch sehr leicht. Es ist kein Problem, sie die Stufen zum Wasser hinunterzutragen.

Das Wasser ist flach, daher kann ich gehen. Ich halte Mamas Kopf fest, sodass sie sich auf dem Rücken treiben lassen kann.

Ihr ganzer Körper zuckt, als die Nerven mit dem kalten Wasser in Kontakt kommen. Ihr Körper scheint ein Eigenleben zu führen. Nach ein paar Minuten hat ihr Körper sich ein paar Grad abgekühlt. Alles fällt ihr leichter, zu sprechen, sich zu bewegen.

Anschließend trage ich sie zum Strand. Sie ist steif wie ein Brett, aber sehr glücklich.

Ich bin auch glücklich. Ich bin gut darin, mit Mama zu schwimmen, die nicht so oft schwimmen geht und deren Beine zucken und tun, was ihnen gefällt.

WÄHREND DER LEICHTATHLETIKWELTMEISTERSCHAF-
TEN in Göteborg bricht Jonathan Edwards den Dreisprungwelt-
rekord. Mein Freund Johan und ich fahren mit dem Abendbus nach
Göteborg. Die ganze Stadt ist voller Menschen; jedes Straßencafé ist
bis auf den letzten Platz besetzt, und man kann kaum die Avenyn entlanggehen.

Wir gehen zum Götaplatsen, dem berühmten öffentlichen Platz, und
verdrücken uns zwischen den Häusern. Wir ziehen uns aus und verstecken unsere Kleidung unter ein paar Büschen. Das Einzige, was
ich anhabe, sind meine Schuhe, blaue Pumas. Da stehen wir, nackt
zwischen den Häusern, und nehmen allen Mut zusammen. Johan ist
leicht angetrunken.

Dann joggen wir auf den Götaplatsen, und als wir die Statue von Po-
seidon erreichen, beschleunigen wir. Wir laufen an den Straßenbahn-
schienen entlang zum Brunnsparken. Unsere Schniedel klatschen gegen unsere Beine. Johan läuft ein paar Schritte hinter mir.

Die Menschen auf der Avenyn schreien und zeigen auf uns. Wir laufen
zwischen zwei patrouillierenden Polizisten hindurch, aber sie reagieren
erst, als sie unsere bleichen Hinterteile zehn Meter vor sich sehen. Wir
laufen bis zur Markthalle Saluhallen, bevor wir wieder umkehren. Wir
begegnen denselben Polizisten, die uns jetzt entgegenkommen und auf
uns warten. Aber wir sind schnell, und sie sind schwer. Ich lache so sehr,
dass ich einen Magenkrampf bekomme. Johan ist kaputter, sein Gesicht
ist rot und er läuft ein bisschen schwerfällig. Er sieht leicht panisch aus.

Die Polizisten holen langsam auf, und in mir kommen die Erinnerungen an die Zeit hoch, als die älteren Jungen mich in der Schule jagten.
Jetzt fühlt es sich realer an.

„Komm, Johan. Wir müssen einen Zahn zulegen."

Mit 40 Metern Vorsprung laufen wir zwischen ein paar Häuser und verstecken uns hinter ein paar Büschen. Die Polizisten verlieren uns aus den Augen.

„Wohin sind diese Idioten verschwunden?", höre ich einen nicht weit von uns entfernt sagen. „Wenn ich die in die Finger bekomme, dann knallt's!"

Wir bleiben absolut ruhig und halten uns den Mund zu, um das Kichern zu unterdrücken.

Endlich ziehen sie ab.

Mein Kopf fühlt sich gut an. Das Rumoren hat aufgehört. Ich habe gelacht und bin gelaufen und von der Polizei verfolgt worden.

DIE JUNIORENEUROPAMEISTERSCHAFTEN rücken näher. Mein Trainer hofft, dass ich mich dafür qualifiziere. Ich muss nur noch einen draufpacken. Ich muss mich zusammenreißen.

Mit zwei anderen Läufern fahren wir in einem Volvo 740 nach Österreich. Es ist warm, und die Fenster sind offen. In den Alpen machen wir ein Höhentrainingslager, um mithilfe der dünnen Luft die roten Blutkörperchen aufzubauen.

Ich habe gar keine Lust darauf, ich wäre lieber zu Hause auf Öckerö. Vor ein paar Tagen bin ich mit ein paar Freunden von der Fotöbron gesprungen – 20 Meter bis ins Meer. Ich kann noch immer die Schmetterlinge von diesem Sprung spüren.

Mein Trainer trinkt Kaffee aus seiner Thermosflasche. Wir fahren schnell, kommen schon am ersten Tag in Süddeutschland an und checken in ein Hotel ein. Ich habe noch nie unter einer solch schweren Decke geschlafen, 40 Zentimeter dick.

Am nächsten Nachmittag kommen wir nach Österreich, wo wir in die Jugendherberge einchecken, in der wir die nächsten beiden Wochen verbringen werden. Sie liegt auf 2.000 Metern Höhe. So hoch war ich noch nie.

Sofort ziehen wir uns unsere Laufsachen an und beginnen mit der ersten Trainingseinheit. Mein Körper ist schwer und reagiert nicht, nachdem er zwei Tage lang still sitzen musste. Mein Hirn arbeitet nur langsam.

Wir machen einen moderaten Dauerlauf in den Bergen. Durch die dünne Luft bin ich außer Atem, und mein Herz schlägt schneller. Überall um mich herum die hohen Berge. Kühe, die an den Hängen grasen. Der Kontrast zwischen dem grünen Gras und den schneebedeckten Gipfeln. So etwas habe ich noch nie zuvor gesehen.

Wir arbeiten hart und absolvieren viel intensives Training, gemischt mit langsamen langen Läufen in den Bergen. Es macht Spaß, aber ich bin noch immer vom harten Wintertraining erschöpft. Mir wird bewusst, dass ich nie wirklich Zeit hatte, mich zu erholen.

Zu Hause liegen wichtige Wettkämpfe vor uns. Sie bedeuten viel, und ich will das Problem loswerden, das ich mit meinem Körper habe, was auch immer es ist. Aber meine Beine sind schwer und stechen die ganze Zeit.

Ein paar Tage vor Ende des Trainingslagers laufen wir 400-Meter-Intervalle bergab. Mithilfe des Gefälles machen wir Schnelligkeitstraining. Ich werde zehn Intervalle laufen. Ich bin gut im Bergablaufen. Ich kann schnell laufen und habe keine Angst, zu fallen. Meine Beine bewegen sich so schnell wie Trommelstöcke.

Nach sechs Intervallen bricht mein rechter Spann zusammen und mein Fuß wird flach. Es ist unglaublich schmerzhaft. Bei jedem Schritt spüre ich stechende, brennende, schneidende Schmerzen. Ich kann den Fuß nicht belasten.

Ich gehe in mein Zimmer und lege mich hin. Der Fuß schwillt an, und ich spüre ein Pochen auf meinem Fuß.

Nach einer Weile fragt mich mein Trainer, wie es mir geht. Ich erzähle ihm, was los ist, dass es sehr wehtut und dass mein Fuß pocht.

„Es wird schwer, morgen zu laufen", sage ich.

Mein Trainer rät mir, den Fuß hochzulegen, was die Schwellung reduzieren wird. Beim Herausgehen fügt er hinzu: „Morgen laufen wir Intervalle auf der Bahn."

DIE GANZE NACHT SCHLAFE ICH mit hochgelegtem Fuß. Als ich den Fuß morgens auf den Boden stelle, kommt die Schwellung sofort zurück und das Kribbeln ist unerträglich. Beim Gehen humple ich.

Wir frühstücken: heißen Kakao und Weißbrot mit Käse. Mit dem Auto fahren wir zu dem Sportplatz, wo wir unser Intervalltraining absolvieren werden. Es ist warm, und die Laufbahn riecht nach Gummi.

Wir setzen uns auf die Tribüne, und der Trainer gibt uns seine Anweisungen: „Ihr werdet Stufentraining machen: 1.000 Meter,

800 Meter, 600 Meter, 400 Meter und 200 Meter. Immer mit zwei Minuten Pause. Markus, du musst den ersten Tausender schnell laufen, am besten unter 2 Minuten 40. Dann sehen wir weiter."

Ich humple davon, um mich mit den anderen aufzuwärmen. Ich versuche, so sanft wie möglich zu joggen, aber in meinem Fuß sticht und pocht es. Es tut weh, wenn ich darauf lande und wenn ich mich abstoße. Wir joggen vier Kilometer.

Nach dem Aufwärmen gehe ich zum Trainer und sage ihm, dass ich heute keine Intervalle laufen kann, dass mein Fuß zu sehr wehtut. Er sieht mich kurz an, ohne etwas zu sagen. Dann sagt er: „Markus, das ist alles in deinem Kopf."

„Aber guck dir doch meinen Fuß an", entgegne ich. „Er ist geschwollen."

„Ich will mir deinen Fuß nicht angucken, er ist vollkommen in Ordnung. Das Problem ist in deinem Kopf."

„Aber ich kann kaum joggen, wie soll ich da Intervalle laufen können?"

„Herrgott noch mal, Markus, hör endlich auf mit dem Quatsch! Du machst jetzt die Intervalle, und damit Schluss."

Er tritt gegen ein Paar Laufschuhe, die auf der Tribüne liegen, und brüllt herum. Er nimmt meine Wasserflasche und wirft sie über die Tribüne. Der Deckel fliegt weg, und das Wasser läuft aus.

„Zieh jetzt deine Spikes an und hör auf zu jammern!"

Ich bin 1.600 Kilometer von zu Hause entfernt, und alles, was ich will, ist, neben Mama auf dem Sofa zu liegen.

Meine Trainingskameraden schweigen. Alles ist ruhig.

Ich frage mich, ob ich mit ihnen im Auto nach Hause fahren darf. Vor Angst wird mein Gesicht ganz steif, ich spüre es um den Mund herum. Ich möchte weinen, tue es aber nicht. Es ist, als hätte ich ein Rohr in der Brust, das alle Gefühle nach unten zu meinem Magen transportiert, wo sie aufgehäuft werden.

Ich liebe es, zu laufen und mich anzustrengen, bis meine Beine und die Lungen brennen. Dann fühle ich mich lebendig und ganz im Augenblick. So möchte ich leben.

Aber jetzt nicht mehr.

Ich ziehe die Spikes an und laufe das erste Intervall in 2 Minuten 38 Sekunden. Die Schmerzen blende ich aus, ich spüre sie nicht.

Auf dem ganzen Heimweg sitze ich still auf dem Rücksitz. Niemand spricht mit mir. Es ist, als würde ich nicht existieren.

Spät in der Nacht komme ich nach 1.600 Kilometern im Auto an der Fährstation Lilla Varholmen an. Ich atme tief ein, als ich den warmen, salzigen Geruch erkenne. Ich betrachte das Meer und die Boote.

Die letzten Kilometer von der Fähre gehe ich zu Fuß mit meinem Rucksack auf dem Rücken. Das Haus ist still, als ich nach Hause komme. Mama und Papa schlafen.

MAMA SITZT AUF der Toilette. Sie braucht Hilfe beim Saubermachen. Ich befestige den Gurt um ihren Bauch und hebe sie hoch.

Ich habe das schon wer weiß wie oft gemacht, aber es fühlt sich immer noch komisch an, ihr dabei zu helfen. Ich lege eine Windel in ihre Unterhose und ziehe ihre Hose hoch.

Mama wirft mir einen Blick zu, der bedeutet: „Wie seltsam, dass ich hier so hänge und du meine Unterhose hochziehst."

Ich bringe sie auf ihr Sofa und lege ihr ein Kissen unter die Beine. Sie möchte mit einer Decke zugedeckt werden.

„Schalte den CD-Player ein, ich möchte Carola hören. Ihre Weihnachts-CD."

Mein Fuß ist total kaputt. Ich kann keinen einzigen Meter laufen. Ich habe keine Möglichkeit mehr, Dampf abzulassen.

Meine Brust fühlt sich an, als wäre sie kurz vorm Platzen, als wollte mein Körper auslaufen, um in der Erde zu versickern und zu verschwinden.

Ich bin wütend und habe genug.

Der Arzt in der Klinik sagt, dass es lange dauern wird, bis es meinem Fuß besser geht. Jeden Morgen tape ich meinen Spann mit strapazierfähigem Klebeband, damit ich zumindest gehen kann, ohne dass er schmerzt.

Ich stehe um 5.00 Uhr morgens auf, um Vollkornhaferbrei zuzubereiten, den ich über Nacht habe einweichen lassen. Ich kaue jeden Bissen 150-mal. Ich brauche eine Stunde, um eine Schüssel Haferbrei zu essen. Meine Zunge wird wund und rissig und riecht komisch.

Tagsüber schaufle ich Seetang, und abends arbeite ich mit Mama.

JOHAN UND ICH SITZEN auf der Rückbank im Auto auf dem Weg zur Kirche von Landvetter. Johans Vater fährt. Wir sind schick angezogen, schwarze Hose und weißes Hemd. Von einem Verwandten habe ich mir schwarze Schuhe geliehen.

Ich bin einer der Sargträger.

Mein Kumpel war 19, und am Tag, bevor es geschah, sprach ich noch mit ihm. Er war einer von Schwedens besten Kickboxern. Er war 1,90 Meter groß und wog 90 Kilogramm. Groß, ruhig und fröhlich, das absolute Gegenteil von mir. Er hatte eine schiefe Nase und kurz geschnittene Haare.

Er war zum Klettern nach Nordnorwegen gefahren. Er war allein und ein paar Kilometer von dem Haus entfernt, in dem er übernachtete. Der Fels war gar nicht so hoch, und es hatte dort schon seit dem Zweiten Weltkrieg keine Steinschläge mehr gegeben.

Er saß am Fuß der Klippe, als sich ein Gesteinsbrocken löste. Der Brocken war groß und schwer und riss sein Bein am Oberschenkel ab.

Er hatte einen Klettergurt dabei, den er so fest wie möglich umband, um das Blut zurückzuhalten, das aus seinem Bein quoll. Er kroch 150 Meter weit, bevor er verblutete.

Ich frage mich, was ihm wohl durch den Kopf ging. Panik und Einsamkeit. Vielleicht spürte er, wie das Leben mit jedem Herzschlag aus ihm floss. Wusste, dass das, wofür sein Herz zuständig war, ihm nun den Tod brachte.

Ich trage den Sarg auf meiner linken Schulter. Es tut weh, er ist schwer.

Keine Tränen, nur Leere.

Nach der Beerdigung gehen Johan und ich zu den Klippen von Hönö. Wir gehen an der Westseite entlang und setzen uns direkt ans Wasser. In der Ferne sehen wir den Leuchtturm von Vinga. Das Meer schimmert und ist ruhig.

Wir sprechen darüber, wie seltsam es ist, dass einer unserer Freunde nicht mehr lebt. Plötzlich kommt Wind auf, immer stärker. Dann kommt der Regen und peitscht uns ins Gesicht. Die Wellen schäumen, und der Wind wird immer noch stärker.

Mit einem Mal ist es wieder ruhig. Als wäre nichts gewesen.

„Was war das denn?", frage ich.

„Ich glaube, der Boxer ist von uns gegangen", sagt Johan.

MIT DEM HERBST kommen die Stürme. Ich ziehe eine Badehose, einen dicken Pullover und eine weiße Strickmütze an und fahre mit dem Rad zum Strand in der Hummerviken an der Westseite von Öckerö. Mittlerweile hat der Wind Sturmstärke erreicht und wird immer stärker, je näher er dem Land kommt.

Ich gehe über die Felsen, um so weit wie möglich in die Bucht hinauszukommen, und lege den Pullover und die Mütze windgeschützt unter einen Stein. Die Kälte schneidet mir in die Haut. Das Meer schäumt und sieht aus wie Waschwasser. Der starke Wind schiebt Vögel Richtung Küste, die wir sonst nie auf den Inseln zu Gesicht bekommen, große Seevögel, die wir normalerweise nur in der Ferne am Horizont sehen.

Die Wellen kommen immer zu dritt – drei große, dann wird es ein bisschen ruhiger. Nach der dritten Welle springe ich hinein, schwimme unter Wasser und tauche unter den größten Wellen hindurch. Es sind viele Quallen im Wasser, und die Verletzungen, die sie mir zufügen, tun sehr weh.

Ich schwimme gegen die Wellen und die Strömung, solange ich kann.

Als meine Muskeln kalt und steif sind und ich keine Kraft mehr habe, lasse ich mich von den Wellen zurück in die Bucht tragen. Es ist nicht leicht, wieder auf trockenes Land zu kommen, die Wellen sind hoch und die Felsen rutschig. Ich schürfe mir die Oberschenkel an Seepocken auf, sie bluten. Das Salz sticht in den Schnitten.

Johan und ich gehen zur Werft am Hafen. Es ist mitten in der Nacht und stockfinster. Wir klettern über den Zaun, der die Werft umgibt. Alles ist still. Große, dunkle Schiffe mit glänzenden Propellern liegen im Trockendock. Ich hatte schon immer Angst vor Propellern, weil ich mir vorstelle, dass ich eines Tages bei einem meiner langen Schwimmausflüge von einem Fischerboot überfahren werden könnte. Der Propeller würde Hackfleisch aus mir machen.

Ich spüre das Adrenalin als federleichten Druck unter meinem Brustbein. Es drückt meinen Atem nach oben. Wir laufen zu dem großen Kran und beginnen, hochzuklettern.

Keine Lichter gehen an. Höher und höher. Wir klettern so hoch, wie wir können. Wir sehen den Boden und das Meer 25 Meter unter uns.

Meine Handflächen werden langsam schwitzig, ich spüre, wie sich der Kran im Wind bewegt. Wir klettern am Arm entlang, der gerade von der Kranfahrerkabine absteht. Ich gehe als Erster, Johan folgt mir.

Der Arm schwankt. Die Eisenträger sind stabil, aber ich mache mir trotzdem Sorgen, ob sie halten.

Als wir das Ende erreichen, hänge ich mich mit den Kniekehlen kopfüber über den Abgrund. Ich sehe den Hafen und die Boote verkehrt herum.

Hier oben ist das Leben einfach. Das Einzige, was ich tun muss, ist, mich weiter festzuhalten.

MAMA SITZT IN IHREM elektrischen Rollstuhl. Ich habe sie mit dem Gurt festgeschnallt. Heute ist sie fröhlich, und ihre Hände zittern gar nicht so sehr.

Draußen weht der Herbstwind; es sind keine Farben zu sehen, alles ist grau.

Wir gehen den Hügel von unserem Haus hinunter, und meine Hände sind sofort eiskalt, sodass ich zum Haus zurücklaufen muss, um meine Handschuhe zu holen.

„Warte hier. Fahr nicht weg!", sage ich.

Ein paar Minuten später komme ich zurück, und sie ist einfach verschwunden. Mann, sie ist so anstrengend!

Ich gehe hinunter zum Laden. Da ist sie nicht. Verdammter Mist!

Ich hole Opas Fahrrad. Wo kann sie sein? Sie liebt das Meer und den Hafen. Ich trete ordentlich in die Pedale und fahre dorthin. Sie wird was zu hören bekommen, wenn ich sie finde.

Am Hafen angekommen, kann ich sie nirgendwo sehen. Ist sie vielleicht ins Wasser gefallen? Sie geht gern ganz bis an die Kante. Ich blicke nach unten ins Wasser, aber ich kann nichts erkennen.

Dann fahre ich einen anderen Weg wieder nach Hause. Immer noch keine Spur von Mama. Zu Hause lehne ich das Fahrrad gegen die Wand.

Ich probiere eine andere Taktik aus und schreie: „MAAAMAAA!" Keine Antwort.

Ich schaue im Garten von Öckerös exzentrischster alter Frau nach, und unter einem Apfelbaum sehe ich Mama sitzen. Sie ist vornübergebeugt und erinnert an einen dieser gelben Erdnussflips. Sie steckt unter einem Ast fest. Ich befreie sie.

Sie schweigt, aber sie sieht mich mit diesen Augen an, die zu sagen scheinen: „Markus, sieh dir nur diese Äpfel an. Sie sind toll. Ich musste einfach einen nehmen. Ich konnte nicht widerstehen."

WIR SITZEN IN MAMAS Auto, einem roten Renault Kangoo. Mama hat einen speziellen Sitz, wodurch ich sie leichter ins Auto heben kann.

Wir sind auf dem Weg zu einer evangelikalen Versammlung auf Hisingen, wo ein südafrikanischer Prediger mit Heilkräften sprechen wird. Ich habe keine Lust, dorthin zu fahren, ich möchte nicht neben Mama stehen und all die mitleidigen Blicke spüren. Das musste ich schon so oft.

Wir kommen spät an und nehmen in der letzten Reihe Platz. Mama sitzt in ihrem Rollstuhl im Gang.

Der Prediger beginnt: „Es ist wunderbar, hier auf Hisingen zu sein. Ich denke, dass Gott heute bei uns ist. Öffnet eure Herzen und lasst die Kraft des Heiligen Geistes hinein. Gestern hatte ich eine fantastische Versammlung. Menschen wurden geheilt. Sie warfen ihre Krücken weg und tanzten. Sie konnten wieder sehen. Es gab Freudentränen. 17 von ihnen nahmen den Glauben an und ließen den Herrn des Lichts in ihr Leben. Das Christentum wächst auf der Welt. Amen."

Mama ist hoffnungsvoll, sie sagt, es sei nun an der Zeit, dass sie wieder gesund werde.

„Es sind ein paar Leute hier, die ich gern vortreten sehen würde", sagt der Prediger. „Ich möchte für euch beten, damit ihr geheilt werdet. Mit Gottes Hilfe möchte ich euch gesund machen."

„HALLELUJA", sagt die Gemeinde.

„Hier ist eine Frau, die unreine Gedanken hegt, und ein alter Mann, der Probleme mit seinen Beinen hat. Eine Frau mit einer Muskelerkrankung. Ihr alle könnt nach vorn kommen."

Mama sieht mich flehend an.

„Ich möchte nach vorn gehen", sagt sie. „Er meint mich. Ich habe mir Rollschuhe gekauft. Sie sind zu Hause in meinem Schrank."

„Was?"

„Ich werde sie benutzen, wenn ich wieder gesund bin."

In ihren Augen ist nicht einmal der leiseste Zweifel zu erkennen.

„Okay", sage ich.

Der Prediger beginnt mit dem alten Mann. Er legt ihm eine Hand auf den Kopf und hebt die andere gen Himmel. Die Leute in den vorderen Reihen erheben sich und strecken mit geschlossenen Augen die Arme gen Himmel.

„Ich bete im Namen Jesu", stimmt der Prediger an. „Wirf deine Krücken weg. Geh jetzt!"

Der Mann macht ein paar stolpernde Schritte.

„Habe Vertrauen, dass diese Heilung von Dauer sein wird. Gott hört deine Gebete. Gehe hin in Frieden. Dank sei dir, Jesus."

Der Prediger geht zu Mama. Er legt seine Hände an ihren Kopf und betet mit lauter Stimme. Schließlich hört er auf und sagt: „Steh auf!"

Mama schüttelt den Kopf und sieht mich an.

„Das kann ich nicht. Meine Beine sind so wie immer", murmelt sie.

Ich sage dem Prediger, Mama sei schon seit Jahren nicht mehr aufgestanden.

„Das ist egal, du musst dich trauen, zu glauben. Vertraue auf die Kraft des Heiligen Geistes."

Er ruft zwei Helfer, die Mama unter den Armen festhalten und versuchen, sie hochzuheben, aber ihre Beine hängen einfach nur herunter, und sie schaffen es nicht. Sie setzen sie wieder in den Rollstuhl.

Der Prediger ruft zwei weitere Helfer herbei. Jetzt steht Mama, sie wird von vier Menschen festgehalten. Ihr Körper zittert, ihr Kopf hängt.

„Mache einen Schritt im Glauben. Vertraue darauf, dass es klappen wird."

Mama versucht es. Nichts passiert.

Sie setzen sie wieder in den Rollstuhl.

„Du musst einfach nur mehr Vertrauen haben", sagt der Prediger und kümmert sich als Nächstes um die Frau mit den unreinen Gedanken.

Ich schiebe Mama wieder in den hinteren Bereich der Halle. Es kommt mir so vor, als starrten uns alle an.

„Ich verstehe gar nichts mehr", sagt Mama. „Es heißt doch: ‚Und alles, was ihr im Gebet erbittet, werdet ihr erhalten'."

„Ich weiß", sage ich.

Nach der Versammlung gehen wir zum Meer. Der Wind weht.

Ich bin frustriert, bin all diese oberflächlichen Prediger und ihre großen Worte leid. Mama hat die Sache schon abgehakt.

Wir essen Süßigkeiten und betrachten den Sonnenuntergang über dem Meer.

MEIN FUß IST NOCH IMMER GESCHWOLLEN. Ich kann wirklich nicht laufen.

Ich muss weg hier. Weg von Öckerö, weg von Tränen und Gemeckere und Diskussionen über nasse Handtücher.

Als zwei meiner Freunde mir erzählen, dass sie nach Indien fliegen, beschließe ich, mich ihnen anzuschließen. Wir werden zehn Wochen dort verbringen, einfach nur herumreisen und uns den Himalaja ansehen. Nach meinem Ferienjob an den Stränden habe ich ein bisschen Geld gespart, und mein Rücken ist noch gebräunt.

Mit dem Boot fahren wir nach England, und von Heathrow aus fliegen wir. Unterwegs laufen ein paar Dinge schief, und wir erwischen das Flugzeug gerade noch, aber unser Gepäck nicht.

ALS WIR IN DELHI LANDEN, haben wir nur die Kleidung, die wir tragen: Jeans und dicke Sweatshirts. Es ist 37° C. Wir checken in eine Jugendherberge ein und sehen uns in der Stadt nach dünneren Klamotten um.

Ich schwitze und komme mir vor wie ein Riese. Jeder um uns herum ist winzig und dünn. Alle scheinen uns sehr nah zu kommen.

Wir beschließen, sofort nach Nepal zu fahren, wenn wir unsere Rucksäcke bekommen.

DER BUS NACH KATHMANDU ist voller Menschen und Hühner. Die Fahrt soll zwölf Stunden dauern.

Neben mir sitzt eine runzlige alte Frau. Sie redet ununterbrochen. Ich verstehe kein Wort, aber das scheint sie nicht zu stören. Die Hühner gackern und die Menschen furzen und rülpsen.

Alles riecht sehr stark – die Gerüche sind mir fremd.

Nach 24 Stunden haben wir die Hälfte der Strecke hinter uns. Ich habe Hunger und muss unbedingt pinkeln und will nicht mehr länger still sitzen. Meine Sitznachbarin benutzt meine Schulter als Kissen.

Plötzlich hält der Bus an. Der Fahrer steht auf und verkündet laut: „Das ist ein Busstreik. Alle aussteigen. Normalerweise dauert ein Streik nur ein paar Tage."

Wir checken in eine nahe gelegene Jugendherberge ein. Es ist schön, mich bis auf die Hose ausziehen und aufs Bett legen zu können, unter einen Ventilator, der Abkühlung bringt. Meine Freunde wollen Haschisch besorgen.

Kurze Zeit später kommen sie mit verengten Pupillen und einem Heißhunger auf Süßigkeiten zurück. Ich lasse meine Finger von dem ganzen Zeug, weil mir bewusst ist, dass ich dazu neige, alles zu übertreiben. Es bringt nichts, diese spezielle Tür zu öffnen.

Nach drei Tagen ist der Streik beendet, und wir fahren weiter. Diesmal sind wir besser vorbereitet und haben mehr Wasser und Obst dabei. Nach ein paar Stunden hält der Bus für eine Toilettenpause.

Mir fällt es schwer, den Strahl in Gang zu bringen, aber schließlich entspannt sich meine Prostata und alles ist gut. Als es gerade richtig schön läuft, fährt der Bus los.

Ich unterbreche den Strahl, ziehe mir die Hose so schnell hoch, wie ich kann, und humple dem Bus hinterher, der beschleunigt und eine schwarze Wolke aus dem Auspuff stößt. Ich habe keine Chance, ihn einzuholen.

Meine Freunde sitzen schlafend im Bus. Einer von ihnen hat mein Portemonnaie. Viele Gedanken schießen mir durch den Kopf – es scheint mir keine gute Idee, hier ohne einen Pfennig in der Tasche zurückzubleiben.

Etwa 100 Meter weiter bremst der Bus, um einen Wasserbüffel die Straße überqueren zu lassen.

Ich laufe, so schnell ich kann. Ich habe wahnsinnige Schmerzen im Fuß, und als ich nur noch fünf Meter vom Bus entfernt bin, fährt er wieder los. Diesmal kann ich mich aber an der Leiter festhalten, die vor der Heckscheibe hängt.

Ich ziehe mich hoch, setze mich aufs Dach und seufze vor Erleichterung. Dann lege ich mich hin, betrachte den Himmel und lasse die warme Luft über mich wehen. Ich setze die Fahrt hier oben fort.

NACH EIN PAAR TAGEN IN KATHMUNDU reisen wir weiter durch die Berge nach Jiri, wo unsere Wanderung zum Mount Everest beginnen wird. Für den Hin- und Rückweg werden wir einen Monat brauchen.

In der Jugendherberge essen wir frittierten Reis und Gemüse. Ich beschließe, dass ich nicht allzu viel essen muss, weil ich nicht laufen kann.

Unsere Wanderung beginnt mit einem richtig steilen Anstieg, an dem unsere Beine brennen. Es ist warm und feucht. Wir wandern durch einen feuchten Wald, auf Trampelpfaden, die voller Blutegel sind, die uns beißen, ohne dass wir es merken. Mein Blut ist so dünn wie Wasser, als es meine Waden hinunterrinnt.

Unterwegs kann man immer problemlos ein Bett und etwas zu essen bekommen. Deshalb haben wir nicht viel Gepäck dabei, nur Schlafsäcke und Wechselkleidung. Tagsüber esse ich Cracker mit Erdnussbutter, und abends stopfen wir uns mit dem voll, was in unseren Unterkünften angeboten wird – meist frittierter Reis, manchmal mit Yakmilchkäse. Als Nachtisch eine Tasse Tee mit Zucker. In den Betten sind Bettwanzen, und unsere Körper hören nie auf zu jucken.

Je höher wir in die Berge steigen, desto kälter ist es. Die Luft ist dünner, und das spüren wir in unseren Köpfen. Nachts fallen die Temperaturen unter 0° C, und die Sterne kommen uns sehr nah vor.

Ich liebe es, meine Beine als Fortbewegungsmittel zu benutzen. Es ist zwar nicht schnell, aber es gibt mir Zeit, alles um mich herum zu sehen. Alle Gerüche und Farben wahrzunehmen.

Nach zwei Wochen erreichen wir Kala Pattar, von wo aus man den Mount Everest sehen kann. Wir stehen früh auf und gehen den Hügel hinauf, um das Dach der Welt bei Sonnenaufgang zu betrachten.

Es ist -15° C und windstill. Am Morgen ziehen wir uns aus und stehen nackt mit den Gesichtern zum Berg in der Kälte. Er wirkt gar nicht so hoch.

Wir gehen weiter zum Base Camp, das auf einer Höhe von 5.500 Metern ein paar Stunden von hier entfernt im Tal liegt. Ich jogge ein Stück, um zu sehen, wie der Fuß sich anfühlt. Besser, aber immer noch nicht gut. Trotzdem ist es schön, meine Beine ein bisschen schneller bewegen zu können.

Das Base Camp ist voller bunter Zelte und Bergsteiger, die versuchen möchten, den Gipfel zu erreichen. Die große Eisdecke, die das Tor zum Mount Everest bildet, ist nur einen Steinwurf entfernt.

Das letzte Mal, als ich mich mit dem Boxer unterhielt, sprachen wir über den Everest und darüber, dass wir eines Tages versuchen wollten, dorthin zu kommen. Jetzt bin ich hier, aber ohne ihn.

WIR MACHEN UNS AUF DEN RÜCKWEG. Je weiter wir nach unten kommen, desto weniger dünn wird die Luft. Mit jedem Atemzug mehr Kraft.

Als wir eine Woche von Jiri entfernt sind, bekomme ich Fieber und Husten. Mein Körper fühlt sich seltsam an, energielos. Wir verkürzen die Distanzen, die wir pro Tag zurücklegen, aber es hilft nicht. Das Fieber steigt und der Husten wird schlimmer.

Meine Freunde finden ein Feld mit wilden Hanfpflanzen. Sie pflücken und pflücken und benutzen den Regenschutz für die Rucksäcke als Behälter. Abends in der Jugendherberge breiten sie das Gras auf den Betten aus, um es ein bisschen zu trocknen.

In Jiri packen sie das Cannabis in kleine Pakete, die sie ohne Angabe des Absenders an verschiedene Freunde in Schweden schicken. Idiotensicher.

Zurück in Kathmandu gehe ich direkt ins Krankenhaus. Als ich ins Arztzimmer komme, ist der Arzt gerade dabei, bei einem blutenden Mann, der auf einer Liege hinter dem Schreibtisch liegt, eine Herzmassage durchzuführen. Ich setze mich auf einen Stuhl und schaue zu.

Der Arzt macht noch ungefähr eine Minute weiter, bevor er aufgibt. Dann dreht er sich zu mir um und fragt: „Also, was hast du denn für Beschwerden?"

„Schmerzen in der Brust und Fieber. Und meine Fürze stinken nach Eiern."

Ich kann meinen Blick nicht von dem toten Mann im Hintergrund abwenden.

„Konnte nichts mehr machen", sagt der Arzt und deutet mit dem Kopf auf den Mann. „Autounfall."

Er hört meine Brust ab und misst den Puls.

„Du hast eine Lungenentzündung", sagt er. „Ich verschreibe dir Antibiotika. Und diese Eierfürze kommen von einer Amöbe in deinem Bauch. Dagegen gebe ich dir auch eine Pille."

ALS ICH AUS INDIEN ZURÜCKKEHRE, ist es November und dunkel und kalt draußen. Ich habe acht Kilogramm abgenommen. Der Husten ist noch immer da.

Mama liegt auf dem Sofa, als ich durch die Tür komme. Sie heißt mich mit einem müden Lächeln willkommen. Ich lege mich neben sie und erzähle ihr über meine Reise.

Opa bereitet einen Fisch zu, lässt ihn auf dem Herd kochen, und ich fülle meinen Magen mit dem Eiweiß aus dem Meer.

Ich lasse warmes Wasser in die Badewanne einlaufen, liege dort, bis meine Haut ganz schrumpelig wird, und wasche die Flohstiche und die Gerüche aus Indien ab.

Nach nur zwei Wochen wird mir alles wieder zu viel. Die Panik, der Stress.

Mit meinem Fuß kann ich noch immer nicht laufen. Wenn Mama mich nicht gerade mit den Vorhängen nervt, liegt sie weinend auf dem Sofa. Oma ist ständig hinter mir her und sagt, ich sei nun erwachsen und müsse für mich selbst sorgen.

„Du kannst nicht einfach hier zu Hause bleiben und andere ausnutzen", sagt sie. „Du musst ausziehen. Mama will dich nicht hier haben."

Ich gehe auf Zehenspitzen herum, versuche, mit dem Hintergrund zu verschmelzen, wie ein Möbelstück.

Es fühlt sich an, als trüge ich ein schweres Gewicht im Körper und könnte kaum gehen. Ich schlafe schlecht. Ich bin ganz besessen von dem Gedanken, dass ich krank bin wie Mama. Jetzt fängt es an, ab jetzt geht es nur noch bergab. Bald wird mein Kopf nach unten hängen, ich werde nie mehr laufen, nie mehr schwimmen. Nur noch auf dem Sofa liegen und Carola hören.

Ich gehe in die Neurologieabteilung in Göteborg, um ein paar Tests durchführen zu lassen. Der Arzt macht sein Zeug, testet meine Reflexe und das Gleichgewicht. Mit geschlossenen Augen stehe ich auf einem Bein.

„Sieht alles gut aus", sagt der Arzt. „Wir könnten auch deine Rückenmarksflüssigkeit testen, aber das ist immer mit Risiken verbunden und liefert nicht immer nützliche Ergebnisse. Ich denke, du bist gesund. Wenn man einen Elternteil mit MS hat, besteht nur ein Risiko von zwei bis drei Prozent, dass man selbst es auch bekommt."

Ich bin ein bisschen erleichtert.

MAMA TRINKT IHREN KAFFEE durch einen Strohhalm. Sie sitzt in ihrem Rollstuhl am weißen Küchentisch. Ihr Kopf bewegt sich hin und her und zwischen den Schlucken muss ich ihr den Strohhalm zurück in den Mund stecken. Sie trinkt einen Schluck und er gerät in die falsche Röhre.

Das passiert Mama oft; die Flüssigkeit will in die Luftröhre statt in die Speiseröhre. Sie wird rot im Gesicht und sieht sehr lustig aus.

Ich klopfe ihr auf den Rücken, sie hustet, und der Kaffee kommt wieder hoch. Atmen fällt ihr immer noch ein bisschen schwer.

„Komm, du Huhn", sage ich. „Atme tief ein."

Mama atmet und fängt an zu lachen. Sie lacht, bis ihr Gesicht rot wird wie eine Tomate.

„Mama, du siehst wirklich komisch aus. Ich meine, richtig hässlich", sage ich.

Ihr Lachen wird sogar noch hysterischer. Sie kann nicht mehr aufhören und ich auch nicht.

Es ist wie ein unterdrücktes Bedürfnis, das jetzt einfach an die Oberfläche kommen muss. Wie ein Fenster zu etwas anderem, etwas Leichterem.

Ich gehe zum Laden, um ein paar Sachen einzukaufen. Ich stehe dort und versuche, mich zu entscheiden, welche Sorte Müsli wir haben möchten, es gibt so viele verschiedene. Das ganze Regal ist voll, und ich kann mich nicht entscheiden. Ich gehe mit leeren Händen nach Hause.

Als ich zu Hause ankomme, möchte Mama vom Sofa aufstehen.

In diesem speziellen Augenblick möchte ich ihr nicht helfen. Ich kann es einfach nicht.

Ich möchte in Ruhe gelassen werden. Ich fühle mich komplett leer.

Mama fängt an zu weinen, als Opa gerade hereinkommt, und sie erzählt ihm, dass ich ihr nicht helfen will. Opa ist außer sich: „Du mieses Arschloch, das kann nicht dein Ernst sein! Du bist so verzogen. Deine Mutter liegt hier und kann nichts tun, und du willst ihr nicht helfen."

In mir kommt eine Wut hoch, wie ich sie noch nie erlebt habe, eine Kraft, die beängstigend ist und außerhalb meiner Kontrolle liegt. Ich gehe zu Opa, hebe ihn hoch – er wiegt 100 Kilo, aber in meinen Armen fühlt er sich an wie ein Strohhalm – und werfe ihn durch die Tür.

Er fällt auf den Bauch und schürft sich die Hände auf. Er sieht verängstigt aus und zittert.

„Wenn du wiederkommst, schlage ich richtig zu", sage ich und knalle die Tür zu.

Mama laufen Tränen die Wangen hinunter.

„Und du hältst jetzt die Klappe", sage ich. „Kein Jammern mehr."

ULF EKMAN, VORSTEHER DER EVANGELIKALISCHEN GRUPPE LIVETS ORD, ist in der Stadt, und Mama und ich fahren zu einer Abendversammlung nach Lundby. Wir sind schon früh da. Mama möchte ganz vorn sitzen.

Mein Körper beginnt zu jucken, als wir die Halle betreten. Ich möchte wirklich nicht hier sein. Ich habe all die Worte, die erhobenen Hände und lauten Gebete satt. Aber ich arbeite für Mama und sie ist diejenige, die entscheidet.

Wir setzen uns vorn hin. Ich sitze auf einem Stuhl und Mama sitzt neben mir in ihrem Rollstuhl. Mama sagt: „Ich weiß, was los ist. Er ist taub. Er kann nicht hören."

„Über wen sprichst du?"

„Gott natürlich. Er hört nicht, was ich sage. Denn wenn er doch hören kann, warum sitze ich hier?"

„Schwer zu sagen", erwidere ich. „Vielleicht hat er einen seltsamen Sinn für Humor."

Nach einer Weile kommt der Hilfsprediger zu uns und sagt, dass wir uns woanders hinsetzen müssen.

„Warum?", frage ich.

„Ihr könnt den Heiligen Geist stören, wenn ihr hier bleibt. Ihr müsst weiter nach hinten gehen."

Ich möchte ihn einfach nur richtig hart in den Magen schlagen. Aber Mama sagt „okay", und wir setzen uns um.

MEINE RETTUNG IST DIE HÅLLAND FOLKHÖGSKOLA, die kommunale Erwachsenenbildungseinrichtung in Jämtland. Dort interessiert es niemanden, dass ich keinen Abschluss von der weiterführenden Schule habe. Ich mache eine Ausbildung zum Jugendleiter und konzentriere mich auf Bergsport und Gesundheitsfürsorge.

Mit zwei Klassenkameraden teile ich mir eine Wohnung im Haus von U-G, dem Schulleiter. Tagsüber bin ich immer in der Schule, und abends kann ich tun, was ich möchte – Bohnensprossen ziehen und mit dem örtlichen Team Eishockey spielen. Ich kann noch immer gut Schlittschuh laufen, aber mein Gefühl für das Spiel ist verschwunden.

Hålland liegt zwischen den kleinen Orten Järpen und Undersåker in der Gemeinde Åre. Am Fuß des Hügels verläuft die E 14, wo Fernlastwagen zwischen Östersund und Trondheim hin- und herfahren. Unten im Tal fließt der Indalsälven, und in der Ferne kann man den mächtigen Ristafallet sehen, über den man in Astrid Lindgrens *Ronja Räubertochter* lesen kann.

Im Dorf kennt jeder jeden, und die alten Leute sind auf angenehme Art neugierig; sie interessiert es nicht, ob deine Haare lang oder kurz sind.

Ich kann wieder atmen. Sehe die Farben mit jedem Augenblick, den ich draußen verbringe, wieder klarer, gewöhne mich an die klare Luft. Die Angst verfliegt langsam.

Jeden Tag geht es meinem Fuß ein bisschen besser, und schon bald kann ich wieder laufen. Meine Fitness ist zwar nicht mehr vorhanden, aber es ist wunderbar, mein Herz wieder schlagen zu spüren. Ich laufe im Wald oberhalb der Schule auf weichem Boden, durch Sümpfe und über kalte Bäche. In der Ferne sehe ich die Berge. Ich laufe allein.

Je weiter ich laufe, desto stärker fühle ich mich – wo niemand weiß, wo ich bin.

In der Schulsauna lerne ich Kenth kennen, einen Mann aus dem Dorf. Er sitzt auf der obersten Bank. Sein Gesicht ist rot und ihm tropft der Schweiß herunter. Die Sauna ist superheiß. Er ist mir auf Anhieb sympathisch. Eines Tages erzählt Kenth mir von einem Mann, der in den Wald zog. Es mag 20 Jahre her sein, an die Einzelheiten kann er sich nur vage erinnern. Er ließ sich irgendwo am Slagsån nieder, ein bisschen weiter den Berg hinauf, aber niemand weiß mehr, wo und warum genau.

Jede Woche führen U-G und ich lange Gespräche über irgendetwas. Entweder sind wir in seinem Büro in der Schule oder nur zu Hause auf der Treppe. Er hat lange Haare und ist kleiner als ich, aber beängstigend stark. Seine Nägel sind rissig; die Ursache ist unklar, aber ich vermute, dass er zu lange in der Kälte war.

Er fragt mich Dinge und weckt Gedanken in mir, die mir noch nie zuvor kamen. Schon seit vielen Jahren ist U-G Lehrer, gibt Unterricht zu den Themen Leben im Freien, Ernährung und Training. Er hat alles unter Kontrolle, aber er gibt mir nie Anweisungen. Wir sprechen viel übers Laufen.

„Markus, du musst dein eigener Trainer werden, wenn du weiterhin laufen möchtest. Niemand sonst kann deinen Körper besser kennen als du selbst. Laufen kann dazu führen, dass du dich als Mensch weiterentwickelst und etwas jenseits von Zeiten und Ergebnissen findest. Wenn du dich weiterentwickeln möchtest, betrachte es nicht auf eine eindimensionale Art und Weise."

Bei jedem Treffen inspiriert er mich mit neuen Gedanken und Ideen.

EINES TAGES ZIEHE ICH MEINE LAUFSCHUHE AN und laufe den Pfad entlang, der von der Schule über den Hügel zum Helgesjön führt. Nach ein paar Kilometern erreiche ich den See und folge dem Slagsån flussabwärts.

Das Flussufer ist aufgeweicht und mit Sträuchern bedeckt, und es ist schwer, sich hier einen Weg zu bahnen. Daher laufe ich ein Stückchen weiter in den Wald hinein. Sofort ist es trockener, und dort sind mehr Tannen. Ich laufe weiter, bücke mich unter den Ästen hindurch und schütze meine Augen.

Noch ein paar Kilometer weiter gelange ich zu einem hohen Kamm, der steil zum Fluss abfällt. Ich folge ihm und erreiche eine Flussbiegung. Unterhalb der Biegung befindet sich eine grasbewachsene Lichtung.

Hier muss er gelebt haben, der Mann, der in den Wald zog. Was für ein Ort.

Ich lege mich auf den Rücken ins Gras. Mit geschlossenen Augen.

Kein Wind, vollkommen still.

Das Tal erstreckt sich in West-Ost-Richtung. Auf einer Seite sind die Tannen hoch und dicht, schützen vor dem Wind und bieten trockene Äste für ein Feuer. Auf der anderen Seite fällt der Wald zum Fluss ab, der permanent frisches, kaltes Trinkwasser liefert. Perfekt.

Es scheint vollkommen offensichtlich: Hier werde ich nach dem Sommer leben.

Keine Bedenken, nur ein tiefes Gefühl der Ruhe.

DER WALD

Am 6. August 1999 steige ich in Järpen aus dem Zug. Es ist 7.30 Uhr, und ich bin die ganze Nacht von Göteborg aus gefahren. Mein Rücken ist steif, ich habe die ganze Nacht gesessen.

Ich mache mich auf den Weg zum Helgesjön. Mein Rucksack ist schwer, vollgepackt mit 40 Kilogramm Kleidung, Ausrüstung und Nahrung. Ich habe die Isomatte und den Schlafsack an den Stahlrahmen unter dem Rucksack gebunden. Die Axt, Säge und das Messer sind außen befestigt.

Das Essen, das ich mitbringe, kann nicht verderben. Ich habe mich auf Dinge konzentriert, die sich halten: Getreidekörner, Nüsse, Linsen und Knäckebrot; Rosinen, Dörrpflaumen und getrocknete Aprikosen ohne Zusatzstoffe; Möhren und Zwiebeln; Butter, Salz, Zimt und schwarzen Pfeffer. Ich plane, Vitamin C im Wald zu ernten, so lange es möglich ist: Frauenmantel, wilde Himbeeren und Preiselbeeren. Und Moltebeeren, das Gold der Berge.

Ich laufe in einer Trekkinghose und einem dünnen Wollpullover herum und trage schwere Stiefel an den Füßen. Sie sind neu und steif und ich habe zwei Paar Socken an, um Blasen zu vermeiden.

In meinem Rucksack habe ich meine Laufkleidung und -schuhe, leichte Sandalen, Mamas weiße Regenjacke, einen dicken Strickpullover, eine Mütze und Handschuhe, zwei lange Wollunterhosen,

Unterwäsche und drei Paar dicke Socken, die Oma für mich aus strapazierfähiger Wolle gestrickt hat.

Der Plan ist, nur Baumwolle und Wolle zu benutzen. Wollkleidung wäscht sich von selbst, wenn ich sie im Regen an einen Ast im Wald hänge. Sie riecht nie schlecht und brennt nicht schnell. Baumwolle ist weich und sanft, sie fühlt sich gut auf der Haut an. Sie hält auch gut Funken vom Feuer ab.

Vielleicht muss ich mehr Kleidung kaufen, wenn der Winter kommt, aber ich rechne damit, dass ich auf diese Weise lange zurechtkomme.

ICH BRAUCHE DREI STUNDEN, um zu der Lichtung zu wandern. Ich setze den Rucksack ab und lege mich auf den Bauch, um den Rücken zu dehnen.

Das Gras ist noch immer leuchtend grün. Das Rauschen des Slagsån ist leiser als im Frühling, weniger intensiv.

Hier werde ich leben. Ich habe keine Ahnung, wie es funktionieren wird oder auf was ich mich eingelassen habe. Ich weiß nur: Es ist genau das, was ich tun möchte.

Ich habe beschlossen, mindestens ein Jahr lang draußen zu leben, in allen Jahreszeiten. Ich möchte sehen, wie der Wald und die Natur mich beeinflussen.

Ich fälle 15 dünne Tannen und entferne die Rinde. Sie werden das Gerüst meiner Kote bilden, des traditionellen Zelts der Samen. Meine Hände sind mit einem Harz bedeckt, das klebt und gut riecht. Meine Finger kleben zusammen; die Axt klebt an meiner Hand.

Ich binde drei der Tannenpfosten mit einem starken Seil zusammen, sodass sie ein Dreibein bilden, wogegen ich die restlichen Pfosten lehne. Ich brauche den ganzen Tag, um das komplette Gerüst zu errichten.

Als es dunkel wird, ziehe ich mich aus, um mich im Fluss zu waschen. In der kühlen Nacht fühlt meine Haut sich rau an, und die Mücken stechen. Mit der Axt kratze ich den Harz von meinen Händen. Dann springe ich ins Wasser und wasche mich mit Seife unter den Armen. Im kalten Wasser schrumpft mein Schniedel zu einer Rosine. Ich habe kein Handtuch. Daher trockne ich mich mit den Händen ab und schüttle das Wasser aus den Haaren.

Als ich wieder angezogen bin, zünde ich ein Feuer an und mache mir Haferbrei. Nach einem ganzen Tag ohne Essen ist es wunderbar, das Loch in meinem Magen mit Haferbrei und Möhren zu füllen.

Ich häufe ein paar Zweige unter einer großen Tanne auf, hole die Isomatte und den Schlafsack und krieche hinein. Der Rucksack ist mein Kissen.

Es riecht nach Kiefern und Feuer. Alles ist ruhig.

Ich möchte nirgendwo anders sein.

ICH WACHE VOM Jucken und Stechen auf. Ich liege mit dem Gesicht nach unten auf den Tannenzweigen, und die Mücken laben sich an meinem Blut. Ich bin ausgeruht, aber mein Körper fühlt sich seltsam aus der Form geraten an, nachdem ich die Nacht durchgeschlafen habe.

Im Wald ist ganz schön was los: Die Vögel zwitschern und die Mücken bleiben aus der Sonne. Ich gehe zum Fluss, um etwas zu trinken, esse zwei Möhren und ziehe die Laufschuhe an. Ich laufe die fünf Kilometer zur E 14, um mich mit dem Mann zu treffen, der mir die Plane für mein Zelt verkauft. Sie wurde aus eng gewebter, wasserdichter Baumwolle zusammengenäht und hat vorn eine Öffnung. Einmal sah ich einen alten Mann, der in Åre aus einem solchen Zelt Hotdogs verkaufte, und mir wurde gesagt, es handle sich um ein Modell von der Stange namens Moskoselkåtan. Jetzt hat der Mann am Straßenrand 1.700 Kronen in der Hand, und die Zeltplane gehört mir.

Zurück auf der Lichtung falte ich das helle Material auseinander und drapiere es um das Gerüst. Ich achte darauf, dass die Öffnung Richtung Osten zeigt, damit die Morgensonne mir Licht und Wärme spendet, wenn ich aufstehe, und befestige die Plane mit spitzen Heringen, die ich mit dem Rücken der Axt in den Boden hämmere.

Unten am Fluss sehe ich mich nach Steinen um, die die richtige Größe für die Feuerstelle haben, die ich in der Mitte des Zelts unter dem Abzug baue. Zwischen ein paar Pfählen befestige ich Wäscheleinen, um meine Kleidung und meinen Schlafsack aufzuhängen, und aus den Tannenzweigen baue ich mir hinten im Zelt ein Lager, damit ich die Öffnung von meiner Schlafstelle aus sehen kann. Ich zünde ein Feuer an und koche mir eine Suppe aus Linsen und Brühe, gebe Olivenöl hinzu und esse, bis mein Magen mir sagt, dass ich aufhören soll.

Ich spüre den Regen in der Luft, als ich meine Shorts und Laufschuhe anziehe. Ich laufe los und finde einen Tierpfad, dem ich folge, bis die Kraft in meinen Beinen nachlässt. Bei Einbruch der Dunkelheit komme ich nass bis auf die Haut zurück nach Hause.

Ich fühle mich wohl, als mein Körper langsam herunterkommt. Ich zünde ein Feuer an. Die trockenen Tannenzweige speien knisternd Funken.

Ich koche Wasser mit ein paar Rosinen, füge 200 Milliliter Haferflocken hinzu und bereite mir einen süßen Haferbrei zu. Ich runde ihn mit ein paar Nüssen ab und esse ihn mit einem Holzlöffel direkt aus dem Topf. Den Löffel habe ich im Werkunterricht gemacht, als ich noch sehr jung war. Ich hole meine Isomatte heraus und lege mich auf die Seite, um das Feuer zu beobachten.

Zu Hause ist Mama vermutlich schon ins Bett gegangen. Opa ist vielleicht unterwegs zum Meer, um die Netze auszuwerfen.

Bevor ich zum Fluss gehe, um mir die Zähne zu putzen, lasse ich das Feuer herunterbrennen. Ich fülle kaltes Wasser in den Haferbreitopf.

Zurück im Zelt spreche ich mein gewohntes Abendgebet, „Gud som haver" („Gott, der du die Kinder liebst"), und schlafe ein, während die Regentropfen auf das Zelt prasseln.

ICH MUSS MIR EIN RICHTIGES BETT BAUEN. Es ist nicht wirklich angenehm, auf stacheligen Ästen zu schlafen. Außerdem ist der Boden nicht ganz eben, und mein Rücken fühlt sich noch immer bei jedem Aufwachen an, als wäre er aus der Form geraten.

Ich laufe zum Hållandsgården, dem örtlichen Hotel und Konferenzzentrum neben der Schule, und frage den Leiter, ob er ein altes Bett habe, das er loswerden wolle. Er überlässt mir eins, das er wegwerfen wollte.

Das Holzgestell ist schwer und schlecht zu tragen. Auf dem Rücken schleife ich es durch den Wald und bekomme furchtbare Blasen auf den Schulterblättern. Es dauert Stunden, zum Zelt zurückzugehen. Im Zelt baue ich aus Steinen eine Stütze für das Bettgestell und benutze eine transparente Wasserflasche als Wasserwaage, um sicherzugehen, dass es absolut gerade ist. Ich breite die Isomatte und ein Rentierfell auf dem Bett aus, lege mich hin und schlafe sofort ein.

Ein paar Stunden später wache ich hungrig und durstig auf. Ich koche mir Suppe und Tee aus Frauenmantel. Er schmeckt zwar nicht sonderlich gut, soll aber gesund sein. Dann laufe ich zurück durch den Wald zum Hållandsgården, um die Rosshaarmatratze abzuholen, die mir auch geschenkt wurde. Sie lässt sich leichter tragen und scheuert nicht so an meinem Rücken.

Nun habe ich also ein Bett und eine ziemlich weiche Matratze. Es hat mich den ganzen Tag gekostet, und es ist wunderbar.

AM NÄCHSTEN TAG FÄLLE ICH ein paar trockene Tannen in der Nähe des Zelts. Die Bäume sind tot und werden gut brennen, und sie enthalten auch kein klebriges Harz.

Ich hacke alle trockenen Äste ab und säge die Stämme in drei Meter lange Stücke, die ich durch den Wald schleife, mit gebeugten Beinen und geradem Rücken. Es ist Schwerstarbeit, aber es fühlt sich gut an. Ich fühle mich stark.

Zurück am Zelt säge ich die Stämme in 30 Zentimeter lange Abschnitte, die ich auf meinem Hackklotz zu Brennholz spalte. Es nimmt viel Zeit in Anspruch; für jeden Stamm brauche ich einen ganzen Tag. Wenn meine Arme und Schultern müde sind, laufe ich eine Runde. Im

Winter werde ich für all die Arbeit belohnt, und mein Vorrat sollte bis zum Frühling reichen.

Die Tage vergehen. Ich säge, hacke, laufe, mache Feuer, esse und schlafe.

Nach zwei Wochen haben fünf Kubikmeter Brennholz das halbe Zelt in Beschlag genommen. Ich lehne die anderen trockenen Tannen gegen einen nahe gelegenen Baum, damit sie im Herbstregen nicht durchnässt werden und verrotten.

Das Essen wird langsam knapp, ich laufe mit einem leeren Gefühl im Magen herum, und mein Hirn scheint immer langsamer zu arbeiten. Ich setze meinen Rucksack auf und laufe über eine Zufahrtsstraße für Forstarbeiter um den Norsjön herum nach Järpen zum nächstgelegenen Lebensmittelgeschäft.

Mit dem Rucksack zu laufen, ist nicht sehr angenehm, er ist viel zu groß. Für zehn Kilometer brauche ich eine Stunde.

Am Geldautomaten in Järpen ziehe ich 300 Kronen. Ich habe vor, von weniger als 1.000,- Kronen im Monat zu leben. Da Haferbrei mein Hauptnahrungsmittel darstellt, rechne ich alles in Haferflocken um. Ein neues Paar Laufschuhe kostet 1.000 Kronen oder 150 Kilogramm Haferflocken.

Als ich das Geschäft betrete, merke ich, dass ich nach Rauch rieche. Das war mir zuvor gar nicht bewusst. Ich kaufe Haferflocken, Nüsse, Salz, Linsen, Gemüse, Butter und Obst und eine Tafel Schokolade, die ich am Samstag essen werde.

Auf dem Heimweg esse ich ein Stück Obst und ein paar Nüsse. Drei Stunden später kehre ich mit einem Lebensmittelvorrat für zwei Wochen zurück. Ich bereite mir eine deftige Suppe aus grünen Linsen und Butter zu. Ich spüre, wie mein Blut die Nährstoffe zu den Muskeln transportiert. Alles fühlt sich perfekt an.

Ich lege meinen Schlafsack auf das Gras vor dem Zelt und mache es mir bequem. Ich betrachte den Himmel.

ICH WACHE MIT EINEM GEFÜHL von Unruhe in meinem Körper auf. Er zuckt und juckt.

Alles ist erledigt – das Brennholz ist gestapelt und das Bett ist hergerichtet, ich habe genug gegessen und meine Vorratsbox ist gefüllt. Es gibt nichts mehr zu tun.

Bevor ich hierher zog, wollte ich genau das erreichen. Ich wollte einfach nur in meinem Kopf sein.

Nun bin ich dort angekommen, und ich spüre langsam eine Art von Widerstand.

Was tue ich hier? Es ist so verdammt anstrengend.

Mein Kopf ist voller neuer Gedanken.

Ich lege mich aufs Bett und beobachte den Himmel durch den Rauchabzug. Ich mache nichts.

Als ein paar Stunden später die Dunkelheit einbricht, fühlt sich alles leichter an. Ich gehe in die herbstliche Abenddämmerung hinaus und folge dem Weg, der parallel zum Fluss verläuft, um Birkenrinde zu sammeln. Nach einer Weile habe ich das Gefühl, beobachtet zu werden, und drehe mich schnell um. Steht jemand dort drüben hinter einem Baum?

Du liebe Güte, wer kann das sein? Panik. Ich schließe die Augen fest und sehe dann wieder hinüber. Auch diesmal kann ich nichts erkennen.

Was ist los? Fange ich an, Dinge zu sehen? Werde ich vielleicht wahnsinnig?

Ich stürme zurück zum Zelt und zünde ein Feuer an. Dabei behalte ich die ganze Zeit die Öffnung im Blick. Ich möchte eine gute Sicht haben. Ich rechne damit, dass jemand das Zelt öffnet und hereinkommt.

Ich esse nicht zu Abend, sondern krieche nur in den Schlafsack und schlafe mit dem Rücken zur Plane und dem Gesicht zur Zeltöffnung ein.

ICH GEHE DURCH DEN WALD. Die Luft ist eisig und feucht und der Himmel dunkel und stark bewölkt. Ich trage Mamas weißen Regenmantel, und ich gehe schnell. Hinter mir höre ich einen Ast brechen. Ich spitze die Ohren und drehe mich um.

Ich sehe nichts. Ich höre nichts.

Vielleicht war es nur ein Elch?

Vielleicht war es etwas anderes?

Adrenalin schießt durch die Adern, ich kann nicht mehr gehen. Ich laufe los, ich kann dem Drang nicht widerstehen, ich reagiere nur. Ich beschleunige, bis ich so schnell laufe, wie ich nur kann. Aber es hilft nicht, ich bekomme immer mehr Angst. Jesus, bitte hilf mir!

Ich reiße mir die weiße Regenjacke vom Leib. Ich möchte in der Dunkelheit nicht sichtbar sein. Ich rolle sie zusammen und stecke sie mir unter den Pullover. Dann verstecke ich mich unter einer Tanne, wo ich mich niederkauere und warte. Ich rege mich nicht.

Nichts passiert.

Es scheint sicher, mich an den Baum zu lehnen. Aber ich rühre mich nicht von der Stelle.

Nach einer gefühlten Ewigkeit krieche ich aus meinem Versteck und gehe nach Hause. Es fällt mir schwer, den Baum zu verlassen.

ICH LAUFE UM den Norsjön zum Helgesjön, sehe den Åreskutan 15 Kilometer westlich von mir, tänzle durch Sümpfe und wate über winzige Bäche. Die Luft ist kalt, und ich trage ein dünnes Wolloberteil und eine blaue Leggings, die mein schreiender Trainer mir schenkte. Ich bin bis zu den Knien nass, meine Hände sind kalt, aber all diese Bewegung hält meinen Körper warm.

Seit drei Wochen habe ich keinen anderen Menschen gesehen. Ich spreche laut mit mir selbst und singe Lieder, damit ich zumindest meine eigene Stimme hören kann.

Noch nie habe ich so viel Zeit allein verbracht. Es fühlt sich seltsam an. Die Zeit vergeht langsamer. Ich atme tiefer, und ich spüre meinen Herzschlag.

Die Sonne steht hoch am Himmel, und eigentlich ist alles ganz einfach. Ich friere nicht, ich bin nicht hungrig. Die Mücken sind weg, es juckt nicht mehr, aber ich habe keinen Frieden. Ich habe nichts zu tun.

Ich sehe eine Birke und verspüre plötzlich den Drang, hochzuklettern. Ich ziehe mich auf einen Ast und klettere immer höher, von Ast zu Ast, bis ich nicht mehr weiterklettern kann. Ich bleibe mit dem Fuß in einer Astgabel stehen.

Der Baum wiegt sich im Wind. Ich blicke über das Tal und sehe die sich verändernden Farben der Tannen. Ich schließe die Augen und verschwinde in mir selbst.

Ich lese hier keine Bücher. Ich höre kein Radio. Ich sehe nicht fern. Ich werde nicht mit den Meinungen anderer Menschen gefüttert, muss mich nicht in irgendeinen anderen Kontext einfügen.

Ich kann es nicht ertragen, mit anderen Menschen zusammen zu sein; alle reden ununterbrochen, zu viele Worte und Meinungen, die auf nichts basieren. Alles ist Oberfläche, keine Tiefe. So viele Antworten, endlose Diskussionen im Fernsehen, ich wünschte, alle hielten einfach die Klappe.

In der Plastikwelt kann ich keine Orientierung finden, mir kommt alles vor wie Zeitverschwendung – ich will mich nicht zwischen verschiedenen Arten von Scheiße entscheiden müssen, ich will zwischen gut und schlecht, oder zwischen gut und böse, zwischen Leben und Tod wählen.

Ich will, dass meine Entscheidungen Konsequenzen haben – wenn ich die falsche Wahl treffe, soll es richtig wehtun.

Laufe ich vor etwas weg?

Ich stehe dort, bis mein Fuß beginnt, wehzutun.

Als ich wieder zu Hause ankomme, bin ich 25 Kilometer gelaufen, meine Beine sind schwach. Ich ziehe meine nassen Klamotten aus und hänge sie an die Leine, binde die Schnürsenkel zusammen und hänge die Schuhe auf. Sie riechen nach Sumpf und Erde.

ES IST NACHMITTAG. Die Sonne ist müde, aber das Licht ist warm, und ich laufe vom Slagsån hinauf zum Sumpf unterhalb vom Romohöjden. Der Schnee bleibt auf dem Åreskutan liegen. Ich laufe über den Sumpf, und meine Beine fühlen sich leicht an.

Mit riesigen Schritten laufe ich über die Berghänge, bis hinunter zum Indalsälven und vorbei am Ristafallet. Ich folge dem Pfad am Fluss entlang und komme wieder zum Hügel. Drei Kilometer lang geht es steil bergauf. Ich bewege mich mühelos, gelange wieder zum Sumpf und habe die Sonne im Rücken.

Dann höre ich den Ruf eines Elchs. Ich bleibe stehen. Nach einer Weile höre ich, dass ein anderer Elch ein Stück weiter entfernt antwortet. Ich lege Daumen und Zeigefinger an die Nase, rufe selbst, und beide Elche antworten.

Sie sind beide ziemlich nah, und ich bleibe ruhig stehen. Schließlich kommen sie 30 Meter voneinander entfernt in den Sumpf. Ich bewege mich nicht. Sie sich auch nicht, und ihre großen Ohren sind wie Satellitenschüsseln in meine Richtung gedreht. Wir bilden ein Dreieck – der Bulle, die Kuh und ich. Die Elche haben die Abendsonne in den Augen und den Wind im Rücken. Ihre Beine sind lang und dünn, und sie sehen stark aus.

Ich laufe weiter, die Elche auch. Es kracht im Wald, als sie verschwinden.

Am Helgesjön angekommen, ziehe ich mich aus und springe hinein. Ich schwimme so lange, bis der Schlamm und Schweiß abgewaschen sind. Ich reibe mir die Achselhöhlen mit Sand ein und gehe nackt durch den Wald nach Hause zum Zelt.

Ich ziehe mir Unterwäsche, dicke Socken und meine Mütze an. Es dampft aus meinem Mund, wenn ich ausatme. Ich gehe in den Wald, um Birkenrinde und kleine Zweige zu sammeln, um sie als Anmachholz zu benutzen, und spalte Holz für später, wenn das Feuer richtig brennt. Ich lege immer dickere Äste nach, erhalte das Feuer, bis es warm im Zelt ist, und trockne die Plane.

Der Wald ist ruhig. Mein Gesicht ist warm vom Feuer. Draußen bildet die Dunkelheit eine Wand.

Ich esse Knäckebrot mit Butter und trinke warmes Wasser. Nachdem das Feuer heruntergebrannt ist, gehe ich ins Bett. In meinem Tagebuch halte ich die Ereignisse des Tages fest und beobachte die Sterne durch den Rauchabzug.

Mir gefällt es, in meinen Schlafsack eingepackt dazuliegen und die kalte Nachtluft im Gesicht zu spüren.

SÖREN, EIN JOURNALIST, DER neben der Schule wohnt, sagt cines Tages, er wolle einen Artikel über mich für die *Östersunds-Posten*, die lokale Zeitung, schreiben. Wir treffen uns in Hålland und gehen zusammen zum Zelt.

Wir unterhalten uns über den Wald und darüber, was in meinem Kopf vor sich geht, wenn es ruhig ist, und darüber, warum ich hier lebe. Ich habe keine Antworten, ich lebe erst seit Kurzem im Freien. Ich weiß nur, dass ich denke, der Wald könne mir helfen, irgendeine Art von Orientierung zu finden.

Ein paar Tage später erscheint der Artikel in der Zeitung. Ich lese ihn in der Schule, sehe mich auf einem Farbfoto in der Mitte der Zeitung, in einem grünen Pullover und einer grauen Strickmütze.

Als ich Sören ein paar Tage später treffe, erzählt er mir, er habe den Artikel an die *Aftonbladet* und die *Göteborgs-Posten* weiterverkauft. Ich verstehe das nicht, warum dieses Interesse? Ich mache doch gar nichts.

Kurz darauf teilt man mir mit, jemand von *SVT*, dem landesweiten schwedischen Fernsehsender, habe angerufen. Man gibt mir eine Nummer, und ich rufe zurück. Es ist jemand von der Sportabteilung, der gern kommen und ein bisschen filmen würde. Ich denke darüber nach und stimme zu.

Micke Leijnegard und ein Kameramann kommen zum Zelt und übernachten einmal bei mir. Sie schlafen auf dünnen Isomatten auf dem Boden neben dem Holzstapel. Am nächsten Tag filmen sie mich beim Feuermachen und Laufen und bei all den anderen Dingen, die ich in den letzten Monaten gemacht habe. Daraus schneiden sie einen fünf-minütigen Beitrag, der in der Hauptsportsendung an einem Sonntag ein paar Wochen später gezeigt wird.

ICH MUSS ETWAS gegen meine Unruhe unternehmen. Eines Tages ziehe ich mehrere Schichten Kleidung an, setze mich auf einen Baumstumpf und tue nichts. Ich muss diese Hürde überwinden, ich muss lernen, nichts zu tun.

Ich sitze still, Stunde um Stunde.

Ich gehe nicht ins Zelt, ehe es dunkel ist. Ich bin sehr müde, obwohl ich nichts getan habe. Mein Hirn ist total alle.

Tausend Ideen gehen mir durch den Kopf. Es ist schwierig, abzuschalten, wenn es ruhig ist, weil dann nichts da ist, was die Gedanken ablenkt.

Ich mache mir Buchweizenbrei mit Rosinen, füge ein paar geriebene Möhren und Marzipanmasse hinzu und würze ihn mit Zimt. Ich esse, bis ich satt bin, und lasse das Feuer herunterbrennen.

Dann gehe ich in Sandalen zum Bach. Ich habe keine Zahnpasta mehr. Daher säubere ich mir mit einem dünnen Zweig die Zähne. Ich bekomme Krämpfe in den Füßen, als ich ins eiskalte Wasser gehe. Ich tauche kurz unter und gehe zurück zum Ufer, um mich einzuseifen. Anschließend wasche ich den Schaum ab und jogge zurück zum Zelt.

Noch immer kein Handtuch. Also streife ich das Wasser einfach mit den Händen ab, bevor ich meine warme Unterwäsche anziehe. Ich lege mich aufs Bett und schlafe sofort ein. Der Schlaf ist traumlos, und am nächsten Morgen wache ich ausgeruht bei Tagesanbruch auf.

Ich spüre einen furchtbaren Druck im Körper. Ich möchte den ganzen Wald fällen. Ich möchte bis zur Erschöpfung arbeiten. Ich fühle mich wie der unglaubliche Hulk.

Ich schnüre die Stiefel und gehe auf die Hügelkuppe. 50 Schritte halte ich den Atem an, 20 Schritte atme ich, bis ich oben ankomme. Ich bringe mir bei, ohne Sauerstoff auszukommen.

Von oben kann ich die Turmspitze der Kirche von Undersåker sehen. Den Zug hören. Den Indalsälven ausmachen. Vom Wasser steigt Dampf auf.

Der Himmel ist klar, die Luft ist kalt. Meine Ohren sind ganz offen. Ich muss nicht selektieren. Ich lasse jedes einzelne Geräusch herein.

Mit geschlossenen Augen drehe ich mich in Richtung Sonne. Ich sitze dort sehr, sehr lange und widerstehe dem Drang, wegzugehen. Es fällt mir schwer, einfach nur zu sitzen. Es fühlt sich an, als fehlte etwas. Vielleicht stimmt das. Vielleicht fehlt mir etwas.

Ich zwinge mich, zu bleiben.

DIE SCHLEUSEN DES HIMMELS ÖFFNEN SICH, der Regen ist eisig, fast schon Schnee. Ich bin nass und mir ist kalt, meine Hände sind steif gefroren.

Ich habe den Tag ohne einen genauen Plan verbracht und bleibe unter einer riesigen Tanne stehen, wo ich meinen Rucksack absetze. Ich hole die Thermoskanne und ein paar Nüsse heraus, setze mich auf den Rucksack und lehne mich an den Baum. Die Zweige halten den Regen ab.

Ich esse ein paar Erdnüsse und trinke warmes Wasser mit ein paar Minzblättern. Es wärmt meinen Magen, erreicht aber nicht meine Finger. Ich versuche, meine Hände an meinem Schritt zu wärmen, und gehe weiter. Keine Geräusche, die Vögel sind ruhig.

Ich friere so schnell, das war schon immer so. Als ich klein war, hatte ich oft blaue Lippen, und Mama machte sich Sorgen um mein Herz. „Das Herz ist in Ordnung, er hat nur niedrigen Blutdruck", sagte der Arzt.

Als ich nach Hause zum Zelt komme, ist es schon dunkel, und ich nehme den vertrauten Geruch nach Rentierfell und Rauch wahr. Ich bin bis auf die Knochen durchgefroren, meine Lippen sind kalt und taub. Ich zünde ein Feuer an und bringe es richtig zum Lodern. Meine Haare trocknen, meine Lippen tauen auf und meine Hände funktionieren langsam wieder.

Ich ziehe mich aus und setze mich nackt aufs Bett. Ich lasse das Feuer so lange brennen, bis ich ganz aufgewärmt bin.

Mir wird bewusst, dass der Winter meine größte Herausforderung wird. Ich hoffe, ich werde damit klarkommen, aber ich weiß es nicht.

ES IST NOVEMBER, draußen ist es stockfinster. Ich kann meine Hand nicht vor den Augen sehen, wenn ich durch den Wald gehe. Es sind keine Sterne am Himmel, noch kein Schnee, der die Welt erhellt.

Ich bin nervös. Jemand geht hinter mir.

Ich wage nicht, meine Taschenlampe zu benutzen. Ich möchte nicht sichtbar sein, und ich möchte auch nicht wissen, was hinter mir ist. Ich drehe mich nicht um, ich gehe nicht schneller, ich habe gelernt, dass ein solches Verhalten es nur noch schlimmer macht, das, was auch immer mir folgt, nur noch näher kommen wird. Ich bücke mich und taste, wo der Pfad weitergeht, und schleiche langsam auf Zehenspitzen nach Hause.

Zurück am Zelt habe ich das Gefühl, jemand wartete drinnen in der Dunkelheit auf mich. Ich atme tief ein, schließe die Augen und gehe hinein. Es ist niemand da.

Ich zünde ein Feuer an und setze mich aufs Bett. Meine Achselhöhlen stinken nach Schweiß, wie bei einem ungewaschenen alten Mann.

Das geht nicht mehr. Ich habe so große Angst vorm Dunkeln. Ich kann nicht weiter hier draußen leben, wenn ich mich so fühle.

Ich versuche, rational zu denken, aber es bringt absolut gar nichts.

Ich liege auf dem Rücken und stochere mit einem Stock im Feuer herum. Der Rauch ist klar, die Flammen tanzen auf und ab, die Funken fliegen in alle Richtungen.

Ich lege eine Wolldecke über meinen Schlafsack, damit er nicht noch mehr Löcher vom Feuer bekommt. Bevor ich auf die Idee kam, waren so einige Flicksitzungen mit Klebeband nötig. Ich schlafe ein und werde von einem Zischen in meinem Hals geweckt. Es tut sehr weh. Ich muss wohl mit offenem Mund geschlafen haben, aber trotzdem, wie hoch ist die Wahrscheinlichkeit, dass ein Funke dort hineinfliegt?

Ich stehe auf, wärme ein bisschen Wasser auf, gebe ein bisschen gefrorenen Honig hinzu und trinke es in kleinen Schlucken. Die Blase in meinem Hals verschwindet.

Ich lasse das Feuer herunterbrennen, nehme ein Rentierfell und lege mich draußen hin.

Den Kampf gegen meine Angst vor der Dunkelheit darf ich nicht verlieren.

ES IST KALT, UND DER ganze Holzstapel ist schon aufgebraucht. Ich will nicht, aber ich muss nach draußen in die Dunkelheit, um Holz zu sammeln und ein Feuer anzuzünden.

Ich ziehe meine Baumwollhose und meine dicken Winterstiefel an. Ich habe eine Tanne gefällt, die wie eine Brücke über dem Slagsån liegt, und ein bisschen weiter im Wald auf der anderen Seite habe ich ein paar tote Bäume gesehen.

Als ich mir vorsichtig einen Weg auf die andere Seite bahne, taucht der Geist plötzlich wieder auf. Ich bleibe vollkommen still stehen. Die Angst überkommt mich. Ich kann nichts hören. Ich gehe weiter.

Ich sage mir, es sei nicht sehr wahrscheinlich, dass jemand hinter mir gehe. Ich weiß, dass es nur ein Phantom ist, ein Hirngespinst, aber das macht keinen Unterschied. Ich spüre es noch immer irgendwo hinter mir.

Ich gelange zu den toten Bäumen, fälle den kleinsten und hacke die vertrockneten Äste ab. Während ich dort vornübergebeugt stehe und auf den Boden sehe, schleicht sich das Phantom näher heran, aber ich beschließe, so zu tun, als bemerkte ich es nicht.

Mit dem Baum über der Schulter gehe ich zurück. Er ist schwer. Erneut überkommt mich panische Angst. Ich bleibe stehen. Schließe die Augen. Lasse es kommen. Verdammt noch mal, wird es mich nie in Ruhe lassen?

Wutentbrannt schreie ich in die Dunkelheit: „Gib doch endlich auf! Was willst du? Du kannst mich jetzt allein lassen und dir jemand anderen suchen!"

Ich erreiche das Zelt, mache mit Birkenrinde und Zweigen Feuer und zersäge das trockene Tannenholz neben der Zeltöffnung, noch immer wütend.

EIN AN MICH ADRESSIERTER BRIEF KOMMT an der Schule an. Er stammt von einem Dokumentarfilmer namens Peter Magnusson.

Er hat Sörens Artikel in der *Göteborgs-Posten* gelesen und fragt, ob er einen Film über mich drehen dürfe. Peter möchte wissen, warum ich mich entschieden habe, im Wald zu leben. Was geht in meinem Kopf vor, wenn alles ruhig ist? Was lerne ich?

Anfangs denke ich, es gehe mir zu nahe und ich käme damit nicht zurecht. Und ich bin der Meinung, Fernsehen sei der böse Blick, eine passive Unterhaltungsform, wie verkochter Haferbrei mit zu viel Zucker. Noch dazu hat es etwas Störendes an sich, so viel Aufmerksamkeit zu bekommen. Schließlich möchte ich doch ohne Dinge leben, abgeschnitten sein. Ich mache das für mich, nicht für irgendjemand anderen. Und habe ich überhaupt etwas zu sagen?

Nachdem ich es mir ein paar Tage durch den Kopf gehen ließ, rufe ich Peter an. Er ist zehn Jahre älter als ich und wuchs auf Hisingen auf. Er spricht mit einem richtig hemmungslosen Göteborger Dialekt, benutzt viele Schimpfwörter und war früher Schlagzeuger in einer Punkband. Bevor er begann, Filme zu drehen, arbeitete er als Fliesenleger.

Peter macht einen guten Eindruck, er kommt mir anders vor. Er ist kein arroganter Kulturfreak. Er erklärt seinen Plan für den Film: „Du führst einfach dein Leben und ich stehe mit meiner Kamera am Rand wie ein Baum im Wald. Du machst nichts, was du normalerweise nicht auch tun würdest."

Ich sage zu. Ich bin gern allein, aber, um ehrlich zu sein, werde ich auch gern wahrgenommen.

ES IST DEZEMBER, UND ICH LEBE seit etwas mehr als vier Monaten im Freien. Draußen ist es permanent unter 0° C und das Wasser ist genau 0° C warm. Ich kann mich noch immer im Bach waschen, aber ich muss vorher ein Feuer anzünden, damit es mir richtig warm wird, wenn ich hereinkomme.

Ich wasche mich nur jeden zweiten Tag – und immer, wenn es noch hell ist. Wenn ich mich wasche, werden meine Hände und Füße unglaublich kalt, die Venen ziehen sich zusammen, und ich kann mich nicht mehr bewegen. Auf dem Rückweg zum Zelt erstarren meine Haare zu Eis.

Eines Abends fühlt sich die Luft anders an. Kälter. Trockener.

Ich gehe hinein und lege mich hin. Ich fühle mich schwer und sehne mich nach Schlaf. Ich krieche in meinen Schlafsack und puste die Kerze aus. Durch den Rauchabzug kann ich nichts sehen, keinen Mond, keine Sterne.

Im Schlafsack fühle ich mich sicher; mir gefällt das Gefühl, fest in einem weichen Material eingemummelt zu sein, während mein Kopf noch draußen in der Kälte ist. Ich drehe mich auf den Bauch und atme den Geruch der Rentierfelle ein.

Am nächsten Morgen wache ich bei Tagesanbruch auf. Etwas ist anders. Der Wald ist vollkommen ruhig.

Ich schiebe die Öffnungsklappe des Zelts zur Seite und gehe hinaus. Alles ist weiß, in eine weiche weiße Decke gehüllt. Der Schnee ist da.

ICH HABE EIN PAAR Langlaufski bekommen, von Bertil, der in Duved wohnt. Wir lernten uns kennen, als ich auf der Folkhögskola war. Bertils Sohn war norrländischer Meister im Marathon und starb, als er erst 30 war, wahrscheinlich an Chlamydophila pneumoniae, einer Art bakterieller Lungenentzündung. Von Anfang an verstanden

Bertil und ich uns auf einer tieferen Ebene. Er sieht mich, wie ich wirklich bin.

Nun brauche ich Stiefel, die mir passen, und dickere Winterkleidung. Meine Beine werden langsam kalt.

Ich gehe zur E 14 und fahre per Anhalter nach Östersund. Im Restpostenladen finde ich eine strapazierfähige, altmodische Hose – ein bisschen zu groß, aber gut genug. Außerdem kaufe ich zwei lange Unterhosen und dicke Fäustlinge. Als ich den Laden verlasse, bin ich 180 Kronen ärmer.

Vor dem weihnachtlich dekorierten Geschäft ziehe ich mich um und stopfe die dünneren Klamotten in den Rucksack. An den Füßen trage ich Lederstiefel mit einem Wollfutter. Es ist -12° C, und eisige, dünne Schneeflocken fallen auf den Boden.

Am letzten Kreisverkehr auf der Straße nach Trondheim warte ich fünf Minuten am Straßenrand, bis mich ein harter Rocker mitnimmt. Im Autoradio laufen AC/DC und die Ramones. Das ist nicht mein Fall; ich bevorzuge instrumentale Musik, wehmütige Melodien, die direkt ins Herz gehen.

In Järpen springe ich raus und gehe in den Discounter Kupan, wo ich für 15 Kronen ein Paar schwere Stiefel in Größe 43 finde. Sie passen perfekt. Ich stecke sie in den Rucksack und mache mich auf den zehn Kilometer langen Marsch nach Hause.

Ich war den ganzen Tag unterwegs und lechze nach Essen. In meinem Kopf bereite ich salzige, fettige Gerichte zu, während ich an der Straße entlanggehe, die gerade vom Schneeschieber geräumt wurde.

Der Mond ist nicht zu sehen, aber der Schnee erhellt die Landschaft, und ich finde mich auf dem letzten Stück durch den Wald problemlos zurecht. Unterwegs sammle ich Birkenrinde. Ich gehe ins Zelt und atme tief ein. Es riecht nach dem ausgebrannten Feuer. Es ist schön, zu Hause zu sein.

Ich koche einen Eintopf aus grünen Linsen und deutscher Wurst und würze ihn mit Thymian und Salz. Dann verschlinge ich alles und krieche in meinen Schlafsack.

Jetzt habe ich alles, was ich brauche. Jetzt kann die Kälte kommen.

Ich will ein Mädchen. Ich will rummachen.

EINES ABENDS SCHNALLE ICH die Ski an und laufe durch die Dunkelheit zum Norsjön. Das Eis ist dick, und ich laufe über den See. Weder Mond noch Sterne am Himmel. Die Tannen zeichnen sich drohend am Seeufer ab, groß, dunkel und still.

Trotz allem habe ich noch nicht meinen Frieden gefunden. Vier Monate des Kampfs sind endlich vorüber. Am Ende konnte ich einfach nicht mehr kämpfen, ich musste den Kopf senken und meine Angst vor der Dunkelheit demütig akzeptieren. Dann verschwand sie. Von einem Tag auf den anderen – keine Phantome mehr hinter mir.

Als ich die größte Angst hatte, wäre ich beinahe aus dem Wald gezogen. Nun bin ich glücklich, dass ich nicht aufgab.

Ich stehe reglos da und genieße die dunkle Stille hier draußen auf dem Eis, weder unruhig noch ängstlich.

Nun sehe ich den Wald.

ALLES, WAS ICH TUE, ist mit Mühe verbunden. Wenn ich möchte, dass das Wasser warm wird, oder wenn etwas trocknen muss, muss ich mich darum kümmern; niemand anderes wird es für mich tun. Feuer machen oder frieren, so einfach ist das. Mir gefällt die Klarheit.

Mit Birkenrinde und dünnen Tannenzweigen zünde ich ein Feuer an und schmelze Schnee, damit ich mich waschen kann – drei Liter, die ich zum Sieden bringe. Ich ziehe mich aus, gehe nackt aus dem Zelt und stelle mich auf zwei Holzklötze, damit meine Füße nicht so kalt werden. Dann gebe ich Schnee in das heiße Wasser, bis die Temperatur genau richtig ist. Mit einem alten Baumwollshirt, das ich als Waschlappen benutze, wische ich vorsichtig den Dreck von meinem Gesicht und Körper. Um mich herum bildet sich eine Dampfwolke. Ich wickle meine Füße ein, gehe ins Zelt, setze mich ans Feuer und trockne.

Dann ziehe ich trockene Unterwäsche und dicke Wollsocken an, fülle den Topf mit Schnee und koche den Lappen, bis er wieder sauber ist. Zum Trocknen hänge ich ihn an eine Leine über dem Feuer.

Nachdem ich meinen Abendhaferbrei zubereitet habe, lasse ich das Feuer herunterbrennen und lege mich auf den Rücken ins Bett. Mein Körper entspannt sich langsam, da der Schlafsack dem Blut in meinen Händen und Füßen hilft, sich aufzuwärmen. Mein Gesicht wird kalt, sobald das ausbrennende Feuer die Temperatur im Zelt sinken lässt.

Ich sehe, dass mein Atem zum Rauchabzug gezogen wird. Ich höre die gedämpften Geräusche des Waldes.

Die Kälte und Dunkelheit vermitteln ein beruhigendes Gefühl, wie ich es noch nie zuvor erlebt habe. Ich spüre keine Müdigkeit, ich spüre eine Art perfektes Gleichgewicht. Mir ging es noch nie so gut.

Es ist, als würden meine Gedanken klarer, je kälter es wird.

ICH KLAPPE DIE Öffnung auf und gehe nach draußen. Das Zelt ist mit frischem kaltem Schnee bedeckt. Es sind keine Tierspuren zu sehen, keine scharfen Kanten, alles ist sanft, weicher.

Ich nehme die Skier, die an einer Tanne lehnen, setze den Rucksack auf und laufe nach Järpen. Meine Essensvorräte sind zur Neige gegangen, und ich muss sie wieder auffüllen. Der Schnee ist tief, und ich komme nur langsam voran, aber ich bin glücklich – es ist kalt, aber mir ist trotzdem warm. Ich spüre meine Zehen noch und mein Blut ist voller Energie.

Als ich drei Stunden später an der Reitschule in Järpen ankomme, schwitze ich. Ich lege die Skier unter einen Baum und gehe den restlichen Weg ins Dorf.

Der ICA ist gerammelt voll, und es fühlt sich seltsam an, so viele Menschen an einem Ort zu sehen. Seit einem Monat habe ich mit niemandem mehr gesprochen. Die Geräusche überwältigen mich, und ich sauge alles auf. Ich kann nicht widerstehen; mein Kopf ist voll, kurz vorm Platzen.

Ich fülle den Rucksack mit Lebensmitteln, die für 17 Tage ausreichen, zahle und gehe hinaus in die Kälte. Es fühlt sich gut an, wieder draußen zu sein. Meine durchgeschwitzte Jacke gefriert und mein Rücken und meine Hände werden kalt, als ich zurückgehe, um die Skier zu holen.

Als ich auf den Skiern nach Hause laufe, wird mein Körper langsam warm, aber meine Hände sind noch immer kalt. Ich verstehe nicht, warum sie sich nicht an die Temperatur anpassen. Es ist, als führten sie ein eigenes kaltes Dasein außerhalb meiner Kontrolle.

Der Mond scheint wie eine warme Glühlampe am Himmel, und ich laufe neben meinem eigenen Schatten her. Ein paar Stunden später komme ich nach Hause. Im Wald herrscht Totenstille.

Ich verstaue meine Vorräte in einer Holzkiste mit einem Deckel. In meinem Holzstapel lebt eine Maus, die gern mein Essen klaut.

DER FILMEMACHER PETER MAGNUSSON besucht mich. Er steigt in Järpen aus dem Zug, und der Schnee knistert unter unseren Füßen, als wir an der Straße entlang zu meinem Zelt gehen. Es ist klar und dunkel draußen, der Schnee und die Sterne sind unsere einzigen Lichtquellen.

Er bringt eine Kamera und einen Schlafsack mit, und ich leihe ihm einen anderen Schlafsack und ein Rentierfell. Neben dem Holzstapel richte ich ihm einen Schlafbereich ein. Wir sprechen nicht viel.

„Wir sparen uns das fürs Filmen auf", sagt er.

In der Nacht wache ich davon auf, dass Peter mich tritt. Mit Panik in der Stimme sagt er, das ganze Zelt werde zusammenbrechen. Mit beiden Händen hält er zwei der Pfosten fest und bittet mich angespannt, ihm zu helfen.

„Das ganze verdammte Ding bricht gleich zusammen, Markus."

„Wie meinst du das?"

„Guck doch, die Pfosten stehen schief!"

„Das soll ja auch so sein", entgegne ich lachend. „Das Zelt läuft oben spitz zu und wird nach unten hin breiter. Schlaf weiter, alles ist gut."

Am nächsten Tag wache ich auf, als es hell wird. Meine Füße tun weh, als ich sie in die eiskalten Stiefel stecke. Ich bereite Haferbrei für uns zu und würze ihn mit Zimt und Rosinen.

Wir essen und machen Feuer und gehen durch den Wald. Peter filmt, was auch immer er filmen möchte, steht still hinter der Kamera und sieht ganz steif aus. Die Akkus seiner Kamera spielen verrückt, die Kälte bekommt ihnen nicht.

Im Winter hätte ich nie als Dokumentarfilmer über die Runden kommen können. Ich muss mich bewegen, sonst friere ich.

ICH SCHLAFE, BIS ES HELL WIRD, dann fühle ich mich ausgeruht und bin hungrig. Meine Nase ist ein bisschen kalt, aber der Rest meines Körpers ist angenehm warm. Als ich meinen Kopf anhebe, bleiben ein paar meiner Barthaare am Kissen hängen, weil der Bart daran festgefroren ist.

Ich zünde eine Kerze an und sehe aufs Thermometer: Es ist -37° C.

Mein Schlafsack ist weiß und steif und mit Eiskristallen bedeckt. Auf der Innenseite verlieren die Daunen langsam ihre Form – meine Körperwärme trifft auf die Kälte außen, wobei Kondenswasser entsteht. Gleichzeitig ist der Schlafsack zu dick, als dass ich ihn über dem Feuer trocknen könnte. Wenn ich abends ins Bett krieche, befinden sich drinnen kleine Eissplitter, auf denen man nicht gerade bequem liegt. Daunen reagieren nicht gut auf Feuchtigkeit.

Ich weiß nicht wirklich, was ich tun soll. Wenn die Kälte anhält, wie in den letzten Wochen, werde ich bald nachts sehr stark frieren.

Nachts trage ich zwei Wollmützen und dünne Wollunterwäsche. Ich krieche aus dem Schlafsack und ziehe mich sehr schnell an. Ich schaffe es nicht, beide Schnürsenkel zu binden, bevor meine Finger so steif sind, dass ich sie einen Augenblick an meinem Bauch aufwärmen muss. Dann ziehe ich meine Fäustlinge an und zerkleinere Holz als Anmachholz.

Es ist schwer, das Feuer in Gang zu bringen; die Kälte drückt den Rauch nach unten auf den Boden. Auf allen vieren puste ich in die Glut. Der Rauch gerät in meine Augen, und meine Knie werden kalt.

Aber schließlich bilden sich Flammen und der Rauch verschwindet. Ich setzte mich nah ans Feuer, um meine Finger aufzuwärmen. Ich spüre den kalten Luftzug an meinem Rücken.

Trotzdem fühlt sich alles gut an. Die Kälte sorgt dafür, dass ich mich schnell bewege.

Ich gehe nach draußen und hole Schnee. Wenn ich den ganzen Topf fülle, ist es genau die richtige Wassermenge für eine Portion Haferbrei. Ich schütte die Haferflocken hinein und schneide ein Stück gefrorene Butter ab. Dann würze ich ihn mit Zimt und getrockneten Aprikosen. Ich esse, bis mein Magen fast platzt.

Anschließend fülle ich mehr Schnee in den Topf und trinke warmes Wasser. Dann gebe ich ein paar Salzkörner hinzu, wodurch es besser schmeckt. Sofort muss ich dringend mein Geschäft erledigen, stapfe schnell in den Wald und ziehe meine Hose herunter, aber der Schnee ist einen Meter hoch und man kann sich kaum hinhocken. Gerade noch rechtzeitig schaffe ich es, ein kleines Loch zu graben. Ich trockne meinen Po mit einer Handvoll Pulverschnee Meine Finger sind unglaublich kalt.

DIE KÄLTE IN MEINEM BLUT scheint meinen Körper ständig zu überladen. Mein Herz schlägt schneller.

Ich musste noch nie darüber nachdenken, wie viel Feuchtigkeit und Schweiß ich einfach nur durch meine Existenz erzeuge. Doch je kälter es wird, desto mehr Zeit muss ich darauf verwenden, mein Zeug trocken zu halten. Falls meine Schuhe nass sind, wenn ich ins Bett gehe, sind sie eingefroren, wenn ich aufwache. Jeden Abend sind meine Socken feucht. Anfangs trocknete ich sie über Nacht an meinem Bauch. Aber jetzt bringe ich Wasser zum Kochen, schütte es in eine Flasche und ziehe die Socken darüber, bevor ich in den Schlafsack krieche. So trocknen sie schneller. Ich probiere Dinge aus, um zu sehen, was funktioniert.

Ich reagiere auf die konkreten Probleme, diejenigen, die ich lösen muss.

Als zusätzliche Isolierung werfe ich Schnee auf das Zelt und bedecke es wie einen Iglu. Wenn ich kein Feuer mache, ist es im Zelt genauso kalt wie draußen. Ich muss mich anstrengen, um nicht zu frieren. Ich muss ganz im Augenblick sein und immer auf die Signale hören, die mein Körper aussendet. *Kann ich die Zehen bewegen? Funktionieren meine Finger?* Ich taste mein Gesicht nach kalten Stellen ab.

Die Kälte lehrt mich, zuzuhören. Durch Schmerz zeigt sie mir, wenn ich gerade einen Fehler begehe. Klar und direkt, dennoch ist es schwierig: leicht für den Kopf, härter für den Körper. Nichts, was ich tun muss, kann verschoben werden. Reines Überleben gleicht einer 24-stündigen Trainingseinheit mit niedriger Intensität.

Ich schlafe zwölf Stunden pro Nacht, um durchzuhalten.

ICH LAUFE AUF SKIERN DURCH DEN WALD und versuche, eine hohe Leistung in den Beinen aufrechtzuerhalten, aber der Schnee ist so tief, dass ich nur langsam vorankomme. Die Kälte fühlt sich an wie eine Schnur, die um meine Zehen gebunden wurde.

Ich bin hier oben auf dem Hügel Romohöjden, ein paar Kilometer vom Zelt entfernt. Ich bin außer Atem, aber warm ist mir noch nicht. Du liebe Güte, ist es kalt!

Ich komme zum Helgesjön hinunter und folge dem Slagsån den letzten Kilometer nach Hause. Ich gehe ins Zelt, setze mich aufs Bett und zünde eine Kerze an.

Dann ziehe ich die Stiefel und Socken aus und sehe mir meine Zehen an. Sie sind weiß. Meine Fußsohlen sehen aus wie rohes Dorschfleisch.

Mir ist zu kalt, als dass ich mir die Zeit nehmen könnte, ein Feuer anzuzünden. Ich glaube nicht, dass meine Zehen so lange warten können. Ich weiß, was ich tun muss, aber ich muss sofort handeln. Entweder bringe ich es in Ordnung, oder ich verliere meine Zehen.

Ich ziehe mich aus, krieche ich den Schlafsack und drücke meine Zehen und Fußsohlen gegen meine warmen Waden. Auch den Kopf ziehe ich in den Schlafsack und entspanne mich. Ich denke nur daran, mich aufzuwärmen. Meine Zehen tun weh. Ich ziehe noch ein Paar Socken an. Bevor ich sie über meine Füße streife, wärme ich sie an meinem Bauch. Langsam, aber sicher erreicht das Blut meine Zehen.

Schließlich riskiere ich es, mich wieder anzuziehen. Ich zünde ein Feuer an und bringe es richtig zum Lodern. Dann stelle ich meinen Hackklotz als Hocker vors Feuer und wärme meine Füße, bis sie rot sind.

Mir ist ganz warm, als ich wieder in den Schlafsack krieche. Im Liegen bereite ich mir eine Mahlzeit zu – ich brate das gefrorene Fleisch und rasple ein paar Möhren und Lauch hinein. Dann füge ich Salz und ein bisschen Schnee und eine Extraportion Butter hinzu.

Es wird etwas zwischen Suppe und Eintopf, und ich esse es direkt aus dem Topf. Mein ganzer Körper ist warm, vom Magen nach außen.

ICH PACKE MEINEN RUCKSACK mit meinem Schlafsack, meiner Isomatte, Kleidung und Essen und schnalle mir die Skier an. Ich laufe nach Duved, um mit Bertil Kaffee zu trinken. Es ist 35 Kilometer entfernt.

Der Schnee ist gnadenlos, und ich komme nur langsam voran. Es ist windstill, aber trotzdem spüre ich, wie die Kälte über meine Arme und meinen Rücken bläst. Nach 30 Minuten muss ich anhalten, um das Blut in meinen Armen zum Fließen zu bringen. Meine Hände sind ein schwaches Glied.

Ich laufe am Björn vorbei und fahre in ausladenden Schwüngen Slalom hinunter zum Åresjön. Meine Skier sind nicht stabil, und es ist schwierig, kontrolliert zu fahren. Durch die eisigen Luftstöße ist mein Gesicht eingefroren. Die letzten 13 Kilometer nach Duved lege ich auf der Südseite des Indalsälven zurück.

Als ich ankomme, ist meine Nase kalt, meine Unterarme sind taub und meine Daumen eingefroren. Ich klopfe an Bertils und Ingrids Tür. Ingrid öffnet. Ich bin so froh, dass sie zu Hause sind.

Sie geben mir heißen Tee, und Ingrid bringt mir Essen. Ich fülle meinen Bauch mit Eiweiß und Butter. Durch die Wärme fühle ich mich langsam und schwer; meine Hände pulsieren und mein Gesicht fühlt sich geschwollen an. Bertil erzählt mir, er sei gerade 15 Kilometer Ski gelaufen, und fügt hinzu, es sei auch für einen Rentner wichtig, in Bewegung zu bleiben.

Bertil engagiert sich noch immer im Sportverein von Duved. Er fragt mich nach meinem Laufen. Er verhält sich sehr taktvoll, er kennt meine Geschichte. Ich erzähle ihm, dass ich mich stark fühle und dass es mir Spaß macht, wieder zu laufen, und ich sehe, dass er sich darüber freut.

Bertil erwähnt einen Wettkampf, der im Frühling in Trondheim stattfindet, und sagt, er würde mich gern dorthin fahren, falls ich möchte. Bertil und Ingrid haben ihre eigene Geschichte. Der Tod ihres Sohnes liegt schon ein paar Jahre zurück, aber die Trauer ist noch immer da. Wahrscheinlich wird sie immer bleiben.

Ich antworte, ich sei mir noch nicht sicher, ob ich bereit für einen Wettkampf sei, wir würden sehen. Als ich mich komplett aufgewärmt habe, fülle ich warmes Wasser in meine Thermosflasche und bereite mich auf den Heimweg vor. Ich verabschiede mich und laufe los nach Hause. Draußen ist es schon dunkel geworden, aber es ist nicht so kalt wie heute Morgen. Das Leben ist großartig.

Ich folge meinen eigenen Spuren zurück nach Åre und kämpfe mich den Hügel hoch zum Bären. Ich bin erschöpft. Ich habe nicht genug Kraft, um den ganzen Weg nach Hause zurückzulegen.

Daher beschließe ich, die Nacht im Windschutz von Fröå zu verbringen. Ich hole meine Isomatte und meinen Schlafsack heraus und ziehe die Stiefel und meine dicke äußere Kleidungsschicht aus. Meine Jacke rolle ich zu einem Kissen zusammen.

Ich bin ganz allein und niemand weiß, wo ich bin. Wenn jetzt etwas passiert, muss ich es in Ordnung bringen.

Ich bin komplett auf mich allein gestellt, und das gefällt mir.

Am nächsten Tag wache ich steif gefroren auf. Ich ziehe meine gefrorene Kleidung und meine steinharten Stiefel an. Dann trinke ich warmes Wasser aus der Thermosflasche, esse ein Sandwich, das ich im Schlafsack aufbewahrt habe, und laufe die letzten 15 Kilometer auf Skiern nach Hause.

ICH WACHE AUF, WEIL ETWAS über mein Gesicht läuft. Im Zelt ist es komplett dunkel.

Ich zünde eine Kerze an. Ich sehe nichts, ich höre nichts. Es muss eine Maus gewesen sein.

In meinem Bart hat sich Eis gebildet und mein Körper ist schwer von der Kälte, aber ich habe endlich das Problem mit dem Schlafsack gelöst. Ich habe einen dünnen synthetischen Schlafsack gekauft, den ich über den dicken Daunenschlafsack ausbreite. Nachts wird die Feuchtigkeit nach außen transportiert und erreicht schließlich den äußeren Schlafsack. Die Daunen bleiben dank meiner Körperwärme trocken, und der synthetische Schlafsack trocknet schnell über dem Feuer.

Ich lege mich auf den Bauch und schlafe wieder ein.

IM MÄRZ KEHRT DAS LICHT ZURÜCK, und die Temperaturen steigen wieder. Ich habe die kälteste Zeit des Jahres überstanden, und ich habe noch immer all meine Finger und Zehen.

Ich stehe früh auf und laufe auf Skiern über den gefrorenen Schnee vom Helgesjön. Ich gleite über das Eis. Ich komme schnell und mühelos voran, und die Sonne wärmt meinen Rücken. Ich trage nur einen dünnen Pullover und Handschuhe und friere nicht.

Ich erreiche Helgesjövallen und laufe weiter unter der Stromleitung zum Skaltjärn. Dabei folge ich gefrorenen Schneemobilspuren. Am See angekommen, biege ich ab und folge den roten Kreuzen, die den Bergpfad zum Norsjön kennzeichnen. Ich kann Rentierspuren erkennen. Davon abgesehen bin ich ganz allein.

Die Natur wacht langsam wieder auf, und nach der Stille des Winters höre ich die ersten Frühlingsvögel zwitschern. Die Gegensätze sind enorm: von still, kalt und dunkel zu hell und voller Leben.

Ich laufe weiter zum Norsjön und erreiche die Hänge auf der anderen Seite. Auf einem steilen Pfad gleite ich über den gefrorenen Schnee bergab durch den Wald. Meine Beine zittern, als ich durch die Bäume rase, es prickelt in meiner Brust – ich liebe es, eine Geschwindigkeit zu erreichen, bei der ich fast die Kontrolle verliere.

Ich erreiche den Fuß des Hügels und laufe weiter durch das Tal bis zum Zelt – ich verspüre ein intensives Glücksgefühl, wie immer, wenn ich es sehe. Es ist seltsam, dass sich diese einfache Planenkonstruktion so sehr nach zu Hause anfühlen kann. Sie beschützt mich vor allem: vor Regen, Schnee und Phantomen.

Seit neun Monaten erfülle ich meine Grundbedürfnisse, und ich sehne mich nach nichts anderem. Das war der beste Winter meines Lebens.

EINES TAGES IM APRIL ziehe ich meine Laufschuhe an und jogge hinunter zur großen Straße. Für diese Saison habe ich die Skier weggestellt, und der meiste Schnee ist geschmolzen.

Ich habe beschlossen, mit Bertil zu dem Wettkampf nach Trondheim zu fahren. Es ist also Zeit für ein bisschen Tempotraining. 15 Minuten wärme ich mich auf Schotterstraßen langsam auf. Dann mache ich ein paar Sprints, und ich habe vor, dreimal zehn Minuten mit hohem Tempo zu laufen.

Ich laufe die Straße entlang, an der Kirche und dem Gemeindehaus von Undersåker vorbei. Ich lege mich ins Zeug, fühle mich nach dem Winter stark, aber nicht sonderlich schnell – ich bin es nicht gewohnt, meine Beine so schnell zu bewegen. Nach dem ersten Abschnitt bleibe ich stehen und ruhe mich ein paar Minuten lang aus. Die Zeit stoppe ich mit einer einfachen Casio-Uhr, die Papa mir gab.

Ich laufe an Hålland vorbei und höre das Getöse des Ristafallet. Das ist das Frühjahrshochwasser. Nach dem zweiten Abschnitt bleibe ich stehen und lege die Hände auf die Knie. Da ich die genauen Distanzen nicht kenne, kann ich mein Tempo nicht einschätzen, aber das ist gleichgültig. Solange es mich anstrengt, wird es sich auszahlen.

Die letzten zehn Minuten gehe ich bis an meine Grenze. Meine Beine brennen richtig, als ich bergauf durch den Wald nach Hause laufe. Unter den Tannen liegt noch immer Schnee, und am Ende jogge ich langsam. Es fühlt sich gut an, den Lauf auf einem weichen Untergrund abzuschließen.

Zu Hause hänge ich meine Laufschuhe über eine Wäscheleine. Ich wringe die Socken aus und hänge sie neben die Schuhe. Dann gehe ich hinunter zum Slagsån und springe hinein, solange ich noch die Wärme im Körper spüre. Das frisch geschmolzene Wasser ist so kalt, dass mein ganzer Körper schmerzt. Ich seife mich von Kopf bis Fuß ein und wasche mich schnell ab, bevor ich zum Zelt laufe und mich in eine Decke wickle.

Ich hole einen Becher Joghurt. Nun, da es nicht mehr so kalt ist, gönne ich mir ein paar Bakterienkulturen. Als ich versuche, den Joghurt in meine Schüssel zu gießen, kommt jedoch nichts heraus. Das ist seltsam, denn das Gewicht des Bechers verrät, dass noch viel Joghurt darin sein muss. Ich drücke ein bisschen stärker, aber der Inhalt möchte einfach nicht herauskommen. Es muss eine Art Stöpsel im Becher sein. Ich drücke richtig stark, der Stöpsel löst sich und der Joghurt kommt heraus.

Ich streue ein paar Nüsse darüber und rühre den Joghurt. Dann kann ich den Stöpsel sehen: eine haarige kleine Maus. Ertrunken in meinem Abendessen.

DER NASSE SCHOTTER bleibt an den Sohlen meiner Stiefel kleben, als ich die Straße entlang zur E 14 gehe. Hier ist der Frühling wirklich angekommen. Ich strecke den Daumen hoch und werde schnell bis nach Duved mitgenommen. Bertil wartet schon auf mich. Wir steigen in seinen alten grauen Mercedes und fahren über den Berg, an Storlien vorbei und über die norwegische Grenze zum Trondheimfjord.

Je näher wir zum Fjord kommen, desto grüner wird die Natur. Ich rieche das Salz, und am Himmel fliegen Seevögel. Ich vermisse die Westküste und Öckerö. Dennoch möchte ich nicht dorthin fahren.

Der Lauf beginnt auf einem Schulhof, der oben auf einem Hügel liegt. Bertil trägt seinen Overall in den Farben von Duveds Sportverein und ist ganz beschwingt. Wir sind die einzigen Schweden inmitten vieler Norweger. Zwei Jahre ist es her, dass ich das letzte Mal an einem Wettkampf teilnahm, und es fühlt sich seltsam an, wieder von so vielen Menschen umgeben zu sein.

Ich wärme mich auf und mache meine Sprints. Mein Körper macht gut mit. Innerlich fühle ich mich ruhig. Es wird ziemlich viel Spaß machen, schnell zu laufen.

Der Startschuss ertönt, und ich laufe los – der Lauf ist ein bisschen weniger als zwölf Kilometer lang und führt durch die Straßen von Trondheim. Es fühlt sich angenehm an, und ich ziehe den Führenden davon. Schon bald laufe ich allein. Nach vier Kilometern sehe ich Bertil am Straßenrand, der mich anfeuert. Ich überprüfe mein Spiegelbild in den Schaufenstern und sehe, dass niemand hinter mir ist.

NACH NEUN KILOMETERN BEGINNT ein langer Anstieg – meine Beine tun weh und meine Arme werden langsam schwer. Oben auf dem Hügel rufen einige Helfer, es seien nur noch eineinhalb Kilometer bis zum Ziel. Ich entspanne mich und gebe auf diesem letzten Abschnitt alles. Nach 37 Minuten erreiche ich die Ziellinie und habe überhaupt keine Schmerzen.

Ich gewinne zwei Kilogramm Brunost, norwegischen Braunkäse. Wunderbar! Ich hatte schon lange keinen Käse mehr.

Bertil und ich fahren zurück über den Berg nach Åredalen. In Hålland setzt er mich ab, und ich gehe langsam durch den Wald zurück zum Zelt. Das Adrenalin schwindet langsam, und mein Körper fühlt sich schwer an.

Zu Hause hänge ich meine verschwitzten Laufsachen auf, zünde ein Feuer an und koche Tee. Ich gönne mir Knäckebrot mit dicken Scheiben Braunkäse.

DER HIMMEL IST GRAU, Regen kündigt sich an und der Westwind weht stark. Draußen ist es 12° C warm. In meinem Rucksack habe ich eine kurze Hose, Spikes und ein Trikot; Knäckebrot, Wasser und Nüsse. Ich stehe mit nach oben gestrecktem Daumen an der E 14 und versuche, per Anhalter nach Krokom zu fahren, um dort auf dem Sportplatz Intervalltraining zu machen. Niemand hält an.

Vielleicht wirkt mein Bart zu ungepflegt. Wahrscheinlich sehe ich aus wie ein Mörder.

Nach 45 Minuten werde ich mitgenommen, aber nur nach Mörsil. Noch immer fast 50 Kilometer vom Ziel entfernt. Wieder stehe ich dort und halte den Daumen hoch, und niemand möchte mich mitnehmen. Schließlich hält ein Bauarbeiter an, der jetzt Feierabend hat. Er fährt bis nach Östersund.

In Krokom springe ich heraus und gehe den letzten Kilometer zum Sportplatz. Der Platz ist verlassen. Ich ziehe mich um und jogge zum Aufwärmen vier Kilometer auf dem mit Flutlicht beleuchteten Platz nebenan.

Dann ziehe ich meine Spikes an und mache ein paar Sprints auf der Tartanbahn. Es fühlt sich richtig seltsam an. Seit dem Trainingslager in Österreich habe ich kein Intervalltraining mehr auf einem Sportplatz gemacht.

Ich habe vor, 15-mal 400 Meter mit einer Minute Pause zu laufen. Mein Ziel ist es, jedes Intervall in weniger als 70 Sekunden zu absolvieren.

Ich laufe los und fühle mich sofort sehr schwerfällig. In meinem Körper ist keine Schnelligkeit. Nach fünf Intervallen muss ich kämpfen, aber dann wird es besser. Ich erkenne meinen Körper langsam wieder und laufe leichtfüßig und mit steifen Waden. Ich finde die Schnelligkeit. Als ich fertig bin, bin ich zufrieden. Das hat Spaß gemacht.

Ich jogge vier Kilometer, ziehe mich um und gehe zur E 14, um per Anhalter zurückzufahren. Ich esse mein Knäckebrot und meine Nüsse und spüre eine großartige Ruhe in mir. Niemand hält an. Es fängt an, zu regnen, und ich ziehe meinen Regenmantel an. Es fühlt sich schon ein bisschen nach Pech an. Ich möchte jetzt nach Hause. Ich kann keine 70 Kilometer zu Fuß gehen.

Endlich hält ein Norweger an, der auf dem Weg nach Trondheim ist. In seinem CD-Player läuft Mogwai, und ich höre begeistert zu. Ich habe schon lange keine Musik mehr gehört.

Nachdem ich in Hålland ausgestiegen bin, gehe ich mit meinem weißen Regenmantel und der Kapuze auf dem Kopf über den Hügel, und die Musik hallt noch immer in meinem Kopf nach. Was für ein Tag!

DIE VÖGEL ZWITSCHERN, die Abendsonne scheint durch die Tannen, und ich sitze draußen und bereite mein Essen zu. Der Rauch steigt vom Feuer gerade nach oben. Kein bisschen Wind. Ich brate Zwiebeln und Kartoffeln in Butter an und benutze einen langen Stock als behelfsmäßigen Wender. Meine Herzfrequenz ist normal, einein-halb Sekunden zwischen den Schlägen.

Ich nehme den Topf vom Feuer, gebe eine Dose Thunfisch hinein und würze das Essen mit Pfeffer und Salz. Ich esse und lege mich an-schließend auf ein Rentierfell, um mich auszuruhen.

Ich denke über Gott nach. Warum ist er so still? Werde ich getäuscht, oder gibt es ihn wirklich?

Der Wald wird ruhig. Es kommt wohl jemand.

Kurz darauf sehe ich Jocke am Waldrand entlanggehen. Ich lernte ihn kennen, als ich in Hålland zur Schule ging. Ich hole ein Rentierfell heraus und koche Pfefferminztee. Ich bekomme nicht oft Besuch, deshalb freue ich mich immer, wenn jemand vorbeikommt.

Wir sitzen am Feuer und unterhalten uns. Wir sprechen darüber, uns Mühe zu geben, und darüber, zu lernen, mit sehr wenig zufrieden zu sein, darüber, zu verzichten, um das Leben noch mehr wertzuschät-zen. Das einfache Leben als Tür zum Herzen.

Als es dunkel wird, geht Jocke wieder nach Hause. Ich zünde ein paar Teelichter an und gehe hinunter zum Fluss. Beim Waschen kann ich das gedämpfte Licht vom Zelt zwischen den Tannen ausmachen.

Das meiste Wasser schüttle ich auf dem Rückweg ab. Als ich in den Schlafsack krieche, zittere ich. Ich puste die Kerzen aus und warte auf den Schlaf.

Ach, ist das Leben schön!

DIE BIRKEN HABEN NOCH keine neuen Blätter, aber das wird nicht mehr lange dauern. Ich laufe durch den Wald, bücke mich unter den Ästen hindurch. Es regnet und ich bin nass, aber ich friere nicht. Der Regen ist mild.

An der Schule in Hålland frage ich, ob ich telefonieren darf. Ich habe schon länger nicht mehr mit Opa gesprochen. Oma geht dran.

„Opa schläft", sagt sie. „Er hat die ganze Nacht Makrelen gefischt. Der ganze Keller stinkt nach Fisch."

„Wie immer", sage ich.

Wir sprechen ein bisschen über Mama, darüber, dass sie sich meist auf dem Sofa ausruht und dass es sich so seltsam anfühlt, dass sie so krank ist. Dann fragt Oma: „Markus, was treibst du da eigentlich? Warum wohnst du allein im Wald? Ich meine, wir leben doch nicht mehr in der Steinzeit. Als Kind musste ich Wasser aus dem Brunnen holen und jeden Tag das Holz reintragen. Das war richtig harte Arbeit. Es ist so toll, dass man all diese Sachen nicht mehr tun muss."

„Ich verstehe dich", antworte ich. „Aber der Wald und die Dunkelheit und die Kälte helfen mir, meine Richtung zu finden."

„Was ist das denn für ein Unsinn? Kannst du das nicht tun, während du wie ein normaler Mensch lebst?"

„Wahrscheinlich nicht."

„Ich verstehe dich einfach nicht, Markus. Warum musst du immer übertreiben? Warum kannst du nicht so sein wie andere Leute?"

„Weiß ich nicht", sage ich. „Ich muss jetzt los. Grüße an Opa."

Der Himmel ist dunkel, als ich zurück durch den Wald laufe. Ich verstehe, dass Oma denkt, ich sei seltsam und würde Rückschritte machen. Aber ich lebe hier, weil ich es möchte. Ich bin auf niemanden angewiesen. Ich komme mit sehr wenig zurecht. Und mein Kopf ist ruhig, nicht gerammelt voll mit allen möglichen Gedanken.

EIN ALTER MANN NIMMT MICH MIT von Undersåker nach Edsåsdalen. Wir fahren mit offenen Fenstern, die Sonne knallt vom blauen Himmel. Ich trage Laufschuhe und eine kurze Hose. Mein Oberkörper ist frei und ich habe mir ein dünnes Wolltrikot um die Hüfte gebunden. Vor dem Köjagården steige ich aus und laufe los.

Ich gelange zur Talsohle, wo die Loipen normalerweise beginnen. Ich folge dem Pfad bis zu den Offsjöarna. Nach drei Kilometern auf dem Schotterweg biege ich ab und folge dem Waldweg hoch zum Gipfel. Der Boden ist sumpfig und nass, und man kommt nur schwer voran. Wenn Laufen zu anstrengend ist, gehe ich. Es ist zwar hart, aber es fühlt sich gut an und belastet die Beine nicht so stark. Nichts tut weh.

Ich erreiche den Gipfel, setze mich auf die Steinmarkierung und ziehe mein Trikot an. Ringsherum befinden sich Berge. Der Ottfjället, dunkel, steil und nah. Das Bergmassiv Bunnerfjällen weit weg in der Ferne.

Ich sehe die gesamte Welt. Ich sehe alles, was es wert ist, beschützt und erhalten zu werden.

Ich laufe über den Sumpf, der vom Gipfel nach unten abfällt. Ich laufe schnell den Abhang hinunter, werde immer schneller, bis ich die Kontrolle verliere, hinfalle, auf dem Bauch über das matschige Gras rutsche und nass bis auf die Haut bin. Ich stehe auf, laufe weiter und lache laut.

Ich fühle mich ein bisschen verrückt. Werde ich langsam wahnsinnig?

Es ist mir egal.

Ich verliere wieder die Kontrolle und rutsche in ein matschiges Loch. So ist das Leben. Ich bin der Natur vollkommen erlegen.

Ich komme vom Berg hinunter, biege vom Pfad ab und laufe bis nach Edsåsdalen. Zurück am Ausgangspunkt lege ich mich nach 15 harten Laufkilometern neben den Bach. Ich lasse das kalte Wasser über mich spülen, bis ich sauber bin, und bleibe dort, bis mein Körper sich langsam steif anfühlt.

Durch das Dorf schlendere ich langsam heimwärts und nutze die warme Luft als Handtuch. Die Sonne scheint mir direkt in die Augen.

Als ich am Köjagården vorbeikomme, jogge ich los. Ich habe noch 15 Kilometer vor mir. Ich laufe fünf Kilometer bis zum Edsåshöjden. Mein Magen fühlt sich komplett leer an, und ich muss mit Honig gesüßtes Wasser trinken und Haferflocken essen. Dann höre ich ein Auto, strecke den Daumen nach oben und werde bis zur E 14 mitgenommen. Super, nur noch vier Kilometer! Mit schweren Beinen laufe ich über den Romohöjden, über den Sumpf und bis zum Slagsån. Als ich zu Hause ankomme, sind meine Schuhe und Hose noch immer nass.

Mein Kopf brummt schön, ich bin müde, glücklich und wahnsinnig hungrig.

Ich wasche mich im Fluss, mache ein Feuer im Zelt, das die Mücken verjagt. Dann schließe ich die Klappe und bereite mir den leckersten Haferbrei der Welt zu. Ich genieße jeden einzelnen Bissen. Dazu trinke ich einen ganzen Liter Honigwasser mit ein bisschen Salz.

Dann lege ich mich aufs Bett. Ich denke über gar nichts nach.

Ich sehne mich nach gar nichts.

Ich bin vollkommen zufrieden.

ICH LAUFE ZU JOCKE nach Hålland und benutze sein Telefon. Es dauert eine Ewigkeit, bis Mama abnimmt. Ich sehe sie vor mir, wie sie auf dem Sofa liegt und ein Pfleger den Hörer für sie festhält.

Sie klingt müde, freut sich aber, meine Stimme zu hören. Ich frage sie, ob sie ihre Rollschuhe benutzt hat.

„Noch nicht, Gott ist noch immer so stur. Ich verstehe nicht, warum er so ruhig ist. Glaubst du, dass er mich gesund macht?"

„Das hoffe ich", antworte ich.

„Es kann doch eigentlich nicht so schwer sein, meine Beine wieder in Ordnung zu bringen, oder?"

„Vielleicht können wir Ulf anrufen und hören, was er dazu sagt? Vielleicht hat er ja einen Vorschlag."

„Ich glaube, das lassen wir lieber", sagt Mama.

„Okay."

ENDE JUNI nehme ich für den Sportverein aus Duved am St Olavsloppet teil, einem Staffellauf zwischen Östersund und Trondheim. Eine Mannschaft besteht aus zehn Personen, von denen jede vier Tage lang jeden Tag jeweils bis zu zehn Kilometern läuft. Wir werden von einem afrikanischen Team fertig gemacht. Obwohl die Läufer so aussehen, als würden sie es ganz locker angehen lassen, erreichen sie die Ziellinie in Trondheim eine Stunde vor uns.

Wenn ich sie laufen sehe, frage ich mich, was ich da mache. Sie laufen mit einer solch unglaublichen Leichtigkeit, als müssten sie sich überhaupt nicht anstrengen. Neben ihnen komme ich mir vor wie ein Elefant.

Ich verliebe mich in ihre Art, sich zu bewegen. Wenn ich doch nur lernen könnte, so zu laufen!

Nach dem Lauf gehen Bertil und ich zu ihrem Trainer. Ich frage ihn, ob ich mit ihnen nach Hause fliegen und mit ihnen zusammen trainieren könne. Er antwortet: „Wann möchtest du kommen und wie lange möchtest du bleiben?"

„Oktober", entgegne ich. „Ich möchte den Winter über da bleiben, vielleicht sechs Monate lang."

„Das ist in Ordnung. Fliege nach Nairobi und fahre dann mit dem Bus nach Arusha. Das ist in Tansania. Wir trainieren in einem Dorf in der Nähe. Schicke uns einfach eine E-Mail, damit wir wissen, wann du ankommst. Einer von den Läufern holt dich dann an der Bushaltestelle ab."

Das wäre also geklärt.

ZU HAUSE IM ZELT ziehe ich den synthetischen Schlafsack über mich wie eine Decke. Es ist Nacht, aber noch immer hell. Die Luft ist feucht, und ich denke ans Meer.

Es kommt mir unwirklich vor, dass ich nach Tansania fliegen und mit einigen der besten Läufer der Welt trainieren werde. Vielleicht war meine Entscheidung ein bisschen übereilt, aber sie fühlt sich richtig an.

Ich muss das Geld für die Reise zusammenbekommen. Ich sollte mit etwa 12.000 Kronen auskommen: 1.000 Kronen pro Monat für Unterkunft und Verpflegung, 6.000 Kronen für Hin- und Rückflug. Mit der Decke über dem Gesicht schlafe ich ein und wache erst auf, als die Sonne am nächsten Tag hoch am Himmel steht.

Ich laufe hinunter ins Dorf und rufe meinen Cousin an, der in einer Fabrik arbeitet, die Garagentore herstellt. Ich frage ihn, ob er mir einen Job besorgen könne. Kein Problem, sagt er. Sie bräuchten immer Leute, die Arbeit suchten.

ICH FALTE DIE PLANE ZUSAMMEN, AUS DER das Zelt besteht, und lege sie in eine rote Plastikbox. Die Pfähle trage ich in den Wald und lehne sie gegen eine große Tanne. Dann stopfe ich meinen Schlafsack in den Rucksack, rolle meine drei Rentierfelle zusammen und binde sie mit einem starken Seil außen an den Rucksack. Den Campingkocher stelle ich auf den Schlafsack.

Um diese Ausrüstungsgegenstände mache ich mir Sorgen. Diese Dinge konnte ich mir kaufen, weil ich sparte und hungerte. Sie sind 800 Kilogramm Haferflocken wert, und ich möchte sie sicher drinnen verstauen, während ich in Tansania bin, damit die Mäuse sich nicht daran vergreifen.

Den Rest – Gewürze, Olivenöl, dicke Wollhosen, meine Winterstiefel, die Axt und die Säge – stopfe ich in einen schwarzen Müllsack, den ich am Stamm einer Tanne festbinde, damit die dichten, schweren Äste ihn vor Regen und Schnee schützen können. Das Bett stelle ich unter eine andere Tanne und benutze die Rosshaarmatratze als Schutz.

Ich setze meinen Rucksack auf, stelle mir die Plastikbox auf die Schulter, wate durch den Slagsån und gehe durch den Wald nach Hålland. Dort schleiche ich mich in die Schule und stelle mein Zeug hinter die Skiausrüstung in den Lagerraum, ohne um Erlaubnis zu bitten.

Einen Monat werde ich auf Hisingen in Göteborg verbringen und Garagentore einbauen. Dann: Afrika.

TANSANIA

NACH ACHT STUNDEN in der Luft will ich mir unbedingt die Beine vertreten. Peter, der Dokumentarfilmer, schläft tief und fest neben mir. Er wird meine ersten Tage in Tansania filmen.

Die Tickets kaufte ich bei Kilroy Travels, dem Reiseanbieter für Studenten – 5.500 Kronen hin und zurück von Göteborg-Landvetter nach Nairobi. Ich habe 6.000 Kronen in Reisechecks und 500 Kronen in bar dabei.

Als wir aus dem Flugzeug steigen, bin ich nervös. Die Luft ist dünn und warm und riecht anders. Ich hole meinen 50-Liter-Rucksack vom Gepäckband, und er riecht noch immer nach dem Rauch aus dem Zelt. Eintausend Erinnerungen kommen in mir hoch: Dunkelheit, Kälte, ich warm im Schlafsack eingepackt, allein mit meinem ruhigen Herzschlag.

Der Rucksack enthält alles, was ich für die nächsten sechs Monate brauchen werde: zwei Paar Laufschuhe, Laufshorts, Leggings, einen dicken Wollpullover, zwei lange Unterhosen, drei Paar Socken und Wollunterwäsche; zwei Bücher von Dostojewski, *Der Idiot* und *Schuld und Sühne*; einen billigen CD-Player und ein paar CDs von Mogwai und Low; ein neues Tagebuch mit unlinierten Seiten. Davon abgesehen nur die Kleidung, die ich trage, und den Anorak, den ich mir um die Hüfte gebunden habe. Peter und ich arbeiten uns durch die Menschenmenge vor der Passkontrolle und suchen den Bus, der uns über die Grenze nach Tansania bringen wird. Wir finden uns in einer anderen Welt wieder. Ich bin Flughäfen nicht gewohnt, sie stressen mich. Beim Atmen spüre ich, dass ich einen Kloß im Hals habe, bevor wir unseren Bus finden.

Wir kaufen unsere Tickets, fahren los und rumpeln durch Nairobis überfüllte Straßen und hinaus aufs Land. Sobald ich ein bisschen weiter sehen kann, beruhige ich mich. Ich werde mich nie an die Stadt gewöhnen. Jetzt kann ich Gras und offene Flächen mit Giraffen und Wasserbüffeln sehen. Einen dunkelgrünen Horizont in der Ferne.

Kurz nach Sonnenaufgang kommen wir in Arusha an. Als wir aus dem Bus steigen, befindet sich dort ein Menschenmeer. Kein Asphalt, nur kompakte Erde. Angenehm für die Füße. Peter und ich sind die einzigen Hellhäutigen, und manche Leute kommen uns ganz nah, um uns zu betrachten. Das ist in Ordnung.

Als der Busfahrer meinen Rucksack vom Dach wirft, ist er mit rotem Staub bedeckt. Ich atme tief ein und unterdrücke meine Nervosität. Peter steht an der Seite und filmt, ein stilles Auge, das beobachtet und die Ereignisse in Bildern festhält.

Ich spüre den Hunger in meinem Magen. Ich habe ewig nichts mehr gegessen, nur lauwarmes Wasser getrunken. Mir fällt ein schlaksiger, junger Kerl ins Auge, der ein Schild mit meinem Namen hochhält. Ich strecke ihm meine Hand entgegen.

„Hallo, ich bin Markus."

„Hallo, Markos, ich heiße Thadey."

„Nicht Markos, Markus."

„Markos?"

„Okay", sage ich mir. „Dann bin ich hier eben Markos."

„Der Trainer hat mich gebeten, dich abzuholen", sagt Thadey.

Danach sagen wir nicht mehr viel. Thadeys englischer Wortschatz scheint sehr begrenzt zu sein. Wir gehen aus der Stadt und folgen einem unbefestigten roten Weg, der die Hänge hinauf in Richtung Mount Meru, 4.565 Meter hoch, führt.

„Du wirst auf diesem Berg trainieren und leben", sagt Thadey.

Wir gehen an einfachen Häusern mit Blechdächern und kleinen Tischen vorbei, wo Leute Mangos, Papayas, Ananas und Bananen verkaufen. In jedem Garten stehen Bananenbäume mit riesigen grünen Blättern. Kinder rufen: „*Mzungu! Mzungu!*"

„Das bedeutet ‚weißer Mann'", erklärt Thadey.

Jeder begrüßt uns mit einem breiten Lächeln. Die Kinder sind barfuß und tragen Shorts und Langarmshirts. Alle haben ganz kurz geschnittene Haare.

Es ist toll, die Steifheit in meinen Beinen loszuwerden. Die Luft ist dünner, als ich es gewohnt bin. Arusha liegt 1.800 Meter über dem Meeresspiegel, und mit jedem Schritt steigen wir höher. Ich habe mich noch nicht daran gewöhnt. Ich spüre, dass etwas in meinem Körper anders ist. Mein Herz schlägt ein paarmal öfter pro Minute.

Nach drei Kilometern sind wir da: zwei niedrige Zementhäuser mit einer offenen Fläche dazwischen und eine schwarze Wasserpumpe in der Mitte des Hofs. Keine Aussicht, es sind Bäume im Weg. Zwischen den Bäumen kann ich Holzstühle und eine Außentoilette mit drei blau gestrichenen Türen sehen.

Ringsherum befinden sich kleine Backsteinhäuser, jedes mit einer eigenen Wiese. Es ist wie auf Öckerö, aber die Häuser sind kleiner und die Gärten größer. Außerdem ist hier mehr Laubwerk, was andere Menschen daran hindert, hineinzuschauen.

Der Trainer Zakharias stellt mir seine Frau Mama Gwandu vor und erzählt mir, sie habe zweimal an den Olympischen Spielen teilgenommen. Dann lerne ich die anderen Läufer kennen: Naftal, Dominic, Patrick, Dam-Dam, Jackson, Farida und Zakia. Zakharias und Mama Gwandu haben auch vier Kinder, die mich sehr neugierig beobachten.

Zakharias ist der Einzige, der gut Englisch spricht. Naftal kennt ein paar Wörter, und die anderen nicken einfach die ganze Zeit und wirken erfreut. Ein paar von ihnen erkenne ich von dem Staffellauf nach Trondheim. Sie alle sind klein und dünn. Neben ihnen fühle ich mich riesig und weiß.

Das Zimmer, das mir zugewiesen wird, hat nackte grüne Wände und keinen Strom. Nur zwei Betten mit grünen Moskitonetzen und ein paar Haken an der Wand. Ich werde mir das Zimmer mit Naftal teilen.

„Perfekt", sage ich. „Hier werde ich gut schlafen."

Ich werde allein gelassen und packe meine Kleidung aus. Ich habe zwei Haken, das reicht. Meine Laufschuhe stelle ich innen neben die

Tür. Dann lege ich mich aufs Bett. Von draußen höre ich ein Schwein, das an der Wand schnüffelt.

Kurz darauf werde ich von Zakharias geweckt, der sagt, dass wir gleich essen werden.

„Und du musst das Wasser kochen, bevor du es trinkst, Markos. Sonst: große Probleme. Dann bekommst du Typhus und Amöben."

In der Küche sitzen die Kinder und alle Läufer auf Holzstühlen um einen niedrigen Tisch herum. Eine nackte Glühlampe hängt von der Decke. Mama Gwandu bereitet das Essen über Kohle zu. Es riecht nach Feuer. Genau wie zu Hause.

Sie gibt mir eine große Portion Maisbrei mit Bohnen – wie Haferbrei, nur dicker. Das ist perfekt für mich. Große Tassen schwarzer Tee mit viel Zucker runden die Mahlzeit ab. Ich fühle mich ganz zu Hause.

Ich bedanke mich für das Essen und gehe ins Bett. Die Nacht ist hereingebrochen. Es ist so dunkel wie im Herbst in Jämtland. Ich höre das Schwein draußen vor dem Fenster. Die Moskitos halte ich mit einem Netz draußen. Die Malariamedikamente nehme ich nicht. Ich habe gehört, dass sie die Psyche beeinflussen können. Das ist nichts für mich. Ich möchte clean sein.

DER TRAINER WECKT MICH, indem er an die Tür klopft.

„Markos, Zeit, aufzustehen!"

Ich ziehe meine Shorts und mein Trikot an und schnüre die Laufschuhe. Draußen ist es kühl und feucht, und schwere Tropfen fallen von den Bäumen. Alles fühlt sich an wie frisch geduscht. Es wird schnell hell – nur ein paar Atemzüge, und die Morgensonne löst das Dunkel der Nacht am Himmel ab.

Die anderen Läufer sind schon da. Zakharias erklärt uns, wie wir trainieren werden.

„Heute geht es um Ausdauer: *pole pole.* Lauft die Sanawari-Runde. Vergesst nicht, dass es *pole pole* sein soll."

Pole pole? Man erklärt mir, auf Swahili heiße das „ruhig". Super, meine Beine sind nach dem Flug noch schwer. Wir laufen los. Ich habe keine Ahnung, wie lang die Sanawari-Runde ist, aber das Tempo ist niedrig und ich komme locker mit.

Nach ein paar Kilometern spüre ich langsam den Druck. Haben die anderen vielleicht ein bisschen beschleunigt? Meine Beine sind noch immer schwer. Nach ein paar Kilometern ist das Tempo offensichtlich höher. Was treiben sie da? Es soll doch *pole pole* sein! Wir laufen weiter, es wird immer schneller, nach jedem Kilometer wird beschleunigt. Langsam bin ich kaputt, aber ich muss mithalten, weil ich keine Ahnung habe, wo ich bin.

Alles sieht gleich aus: rote Wege und saftiges Grün.

Meine Beine brennen, und ich falle zurück. Ich beiße die Zähne zusammen, aber ich kann einfach nicht mithalten. Ich gebe alles, aber es reicht nicht. Meine Lungen arbeiten in meinem Brustkorb auf Hochtouren, aber ich verliere Meter um Meter.

Die anderen laufen in einer großen Gruppe, geben bergauf Gas und fliegen mit hoher Geschwindigkeit bergab. Jeder Einzelne von ihnen läuft schneller als der schnellste Schwede. Und hier bin ich, groß und weiß und 30 Meter hinter ihnen. Die Leute rufen „*Mzungu, mzungu!*", wenn ich an ihnen vorbeikomme.

Einer der Läufer vor mir zeigt auf einen leeren Platz direkt hinter seinen Beinen. Er winkt mich zu sich und zeigt unmissverständlich auf diese Stelle. Er möchte wohl, dass ich dort laufe, statt allein hinterherzulaufen, aber das ist schon mein maximales Tempo, und die Läufer vor mir werden nicht langsamer.

Wir laufen Kilometer um Kilometer, und irgendwann verliere ich sie aus den Augen. Ich fühle mich komplett hilflos. Ich habe mich nur darauf konzentriert, mitzuhalten. Na toll, an meinem ersten Tag verlaufe ich mich und werde bald von einem Löwen gefressen.

Ich sehe keine Menschenseele mehr und auch keine Häuser. Ich höre nichts außer Vogelgezwitscher. Es ist wunderschön. Aber es ist auch stressig.

Ich laufe noch ein bisschen weiter in dieselbe Richtung. Endlich sehe ich einen Läufer, der am Wegrand auf mich wartet. Es ist Naftal, der Läufer, der ein bisschen Englisch sprechen kann.

„Müde, Markos? Heute bist du müde, morgen ich. Das ist okay."

Wir laufen langsamer weiter.

„Jackson erhöht immer das Tempo. Auch wenn der Trainer sagt, wir laufen ruhig. Ist immer ein bisschen verrückt, wenn er dabei ist."

Seite an Seite laufen wir nach Hause. Der Trainer wartet nach der Einheit auf uns. Er trinkt Tee und sieht zufrieden aus. Wir machen ein bisschen Krafttraining mit selbst gemachten Gewichten, und Peter filmt uns dabei.

„Markos, das ist alles in deinem Kopf", sagt Zakharias. „Du musst denken: Wenn du müde bist, sind die anderen auch müde. Bleibe einfach dran und gib nicht auf. Bei deinem Training muss es darum gehen, mitzuhalten."

Ich fülle einen Eimer mit kaltem Wasser und wasche mich. Dann wasche ich meine Laufsachen und hänge sie zum Trocknen an eine Leine zwischen zwei Bäumen. Ich trinke lauwarmes Wasser und spüre die Leere in meinem Magen.

Ungefähr eine Stunde später bringt Mama Gwandu mir eine Tasse Maisgrütze. Ich schütte jede Menge Zucker hinein und trinke sie. Danach habe ich noch immer Hunger.

Es ist toll, dass Peter am Anfang da ist, jemand, mit dem ich reden kann, als alles noch neu ist. Aber nach ein paar Tagen reist er ab, um auf Sansibar zu filmen.

Jetzt bin ich der einzige *Mzungu* hier.

WIR ACKERN UNS einen Anstieg hinauf, der mir furchtbar lang vorkommt. Seit 80 Minuten laufen wir durchgehend bergauf, und wir haben noch immer nicht den Gipfel erreicht.

Es ist über 30° C, und ich trage jede Menge Klamotten: eine Leggings, einen Wollpullover, einen Anorak und eine Strickmütze. Alles, um Flüssigkeit zu verlieren und abzunehmen. Jeder in der Gruppe tut dasselbe – bei den langen Einheiten müssen wir immer viel Kleidung tragen.

So bin ich noch nie vorgegangen – ganz im Gegenteil. Ich spüre gern die Außentemperatur an meiner Haut. Aber jetzt folge ich ihrem Beispiel.

Nach 90 Minuten erreichen wir den Wald direkt unterhalb von Merus Baumgrenze. Naftal sagt mir, ich solle meine Mütze anziehen.

„In den Bäumen hier in der Gegend gibt es Schlangen, die runterspringen und dir in den Kopf beißen, wenn er nicht bedeckt ist. Sie sind giftig und du stirbst direkt."

Ich ziehe meine Baumwollstrickmütze an und laufe weiter durch die Bäume. Mein Körper kocht langsam, ich spüre es an den Schläfen. Wir laufen ohne Wasser, beim Training trinken wir nie. Der Trainer sagt, wir müssten lernen, zu laufen, ohne dabei Flüssigkeiten oder Nahrung zu uns zu nehmen.

Zwischen den Bäumen können wir den Schnee auf dem Berggipfel sehen. Ein seltsamer Gegensatz: tropische Hitze und weiße Kälte. Am liebsten würde ich dorthin laufen und mir einen Schneeball unter das Sweatshirt stecken, um die Kälte an der Haut zu spüren.

Wir laufen weiter durch den Wald. Keine Schlangen auf den Bäumen. Lockeres Tempo. Die ganze Gruppe ist zusammen und ruhig. Manche sind erschöpfter als andere, ich kann es an ihren roten Augen sehen. Ich sehne mich nach einer kalten Apfelschorle. Wir laufen immer weiter.

Nach 2 Stunden und 40 Minuten kommen wir wieder zu Hause an. Ich fühle mich mehrere Kilo leichter, als ich einen Eimer kaltes Wasser hochpumpe und mich im Duschraum wasche. Ich schütte mir eine Kelle nach der anderen über den Kopf. Ich zittere. Dann hole ich noch mehr Wasser und koche es ab, um die Amöben und den Typhus abzutöten. Es fühlt sich sehr seltsam an, nach einer langen Trainingseinheit unter der brennenden Sonne warmes Wasser zu trinken.

ICH WACHE BEI SONNENAUFGANG AUF. Einen Augenblick später klopft der Trainer an die Tür. Ein neuer Tag, eine neue Trainingseinheit. Ich öffne den Metallrollladen und gehe nach draußen. Ich schließe mich nur ungern ein, aber Zakharias sagt, die Gerüchte über einen „reichen" *Mzungu* verbreiteten sich schnell. Daher ist es besser, vorsichtig zu sein.

Zakharias sieht müde aus. Abends kippt er sein Bier hinunter, und am nächsten Morgen zahlt er den Preis dafür. Er kratzt sich ordentlich an den Eiern, richtet sich dann auf, bis sein Rücken knackt, und sagt uns, wie wir trainieren werden.

„Heute macht ihr ein paar Hügelläufe. Ihr lauft den kleinen Hügel dort drüben am Feld hoch. Wärmt euch eine halbe Stunde auf, dann treffen wir uns da oben."

Wir joggen los, gut eingepackt für einen langsamen Lauf den Hügel hinauf. Wir kommen an ein paar bellenden Hunden vorbei, die frei herumlaufen. Sie sind total gefährlich. Wenn man ihnen in die Augen sieht, greifen sie an.

Wir erreichen den Hügel und hüpfen ein bisschen herum. Zakharias ist schon da. Der Anstieg ist 100 Meter lang und sehr steil. Ich ziehe die oberste Schicht aus und lege los, ohne zu wissen, wie oft wir hinauflaufen sollen. Wenn man Zakharias fragt, sagt er nur: „Denke nicht darüber nach, laufe einfach mit."

Nichts zu verraten, gehört zu seiner Trainingsphilosophie.

Ich laufe mit kurzen Schritten und hebe die Knie. Bergauf laufe ich mit viel Druck, bergab jogge ich zur Erholung. Niemand in der Gruppe hat eine Uhr. Rauf und runter, immer wieder.

„Sieht gut aus, Markos", sagt Zakharias. „Laufe einfach mit."

Zehn Läufe. 20, 30, 40 … 50.

„Gut gemacht", sagt Zakharias. „Ihr seid jetzt fertig."

Wir joggen langsam am Nachbardorf vorbei zurück. Meine Beine sind leicht, und ich fühle mich stark und hungrig.

Ich bin seit zwei Monaten hier, und man sieht langsam meine Rippen. Die ganze Zeit denke ich an Essen und sehne mich nach Käsekuchen und dem öligen Fisch aus Bohuslän. Aber ich halte mich zurück, selbst wenn Essen vor mir steht. Ich muss leichter werden, um so schnell zu laufen wie die anderen. Ich sehe keine andere Möglichkeit.

Zu Hause trinke ich einen Liter lauwarmes Wasser, das ich am Vorabend gekocht habe. Das mache ich jetzt immer so. Ich bewahre das Wasser in einem Stahleimer mit Deckel auf, damit die Kakerlaken nicht hineinkommen können. Ich esse eine Banane und trinke ein Glas Maisgrütze. Ich möchte mehr haben, aber ich unterdrücke das Verlangen.

Als ich mich mit dem Typhus-Amöben-Wasser wasche, halte ich den Mund geschlossen. Ich setze mich auf die Steinstufen vor meinem Zimmer und lasse mich von der Sonne trocknen. Dann wasche ich meine Socken mit der gelben Zitronenseife, die ich mir vor Kurzem gekauft habe. Vergeblich versuche ich, die rote Erde von den Socken zu reiben.

Danach gehe ich hinein, lege mich aufs Bett, stecke mir die Kopfhörer in die Ohren und höre Musik. Ich kann nicht aufhören, darüber nachzudenken, welche Art von Marmelade ich zu dem Käsekuchen essen würde.

AUF DER ANDEREN SEITE UNSERES ZIMMERS DÖST NAFTAL mit offenem Mund, während Dominic, Dam-Dam und Patrick in dem Zimmer hinter der Wand schlafen. Die drei teilen sich ein riesiges Bett. Farid teilt sich ein Zimmer mit Mama Gwandu und Zakharias. Ich wüsste nicht, wie sie es schaffen, mehr Kinder zu zeugen.

Zakia und Jackson fanden jedoch einen Weg, und als Zakia schwanger wurde, mussten sie die Gruppe verlassen. Zakia ist eine der schnellsten Läuferinnen der Gegend und gewann bereits einige europäische Läufe. Wahrscheinlich wird sie nie wieder laufen.

Ich spreche nicht viel mit den anderen, aber ich fühle mich trotzdem als Teil der Gruppe. Alle sind entspannt, fröhlich und freundlich.

Naftal ist der schnellste Läufer. Seine Haut glänzt, und seine Augen sind hellbraun. Er hat steinharte Muskeln, kann unglaublich gut sprinten und hält jede Trainingseinheit durch. Wenn er läuft, trägt er meist eine Strickmütze. Eines seiner Ohren steht ein bisschen ab. Dominic ist leicht zusammengekauert, wenn er läuft, und er lässt die Arme hängen. Er hat einen sehr ungewöhnlichen Mund. Seine Lippen sind extrem dunkel, und wenn er lächelt, sieht man seine unteren Zähne. Am liebsten läuft er schnell und gleichmäßig los, dann erreicht er seine besten Zeiten. Während meines Aufenthalts hier ist er müder geworden und fällt oft ein paar Meter hinter Naftal zurück. Dominic hilft oft beim Kochen, und es scheint ihm zu gefallen.

Dam-Dam ist jederzeit gut gelaunt. Er hat freundliche Augen und weiße Zähne, die er immer zeigt. Er läuft in einer raschelnden Jogginghose und liefert bei kurzen Intervallen stets eine gute Leistung ab. Patrick ist Zakharias' Cousin und ein sehr sanftmütiger Mensch. Er möchte immer gern im Hintergrund bleiben. Er hat wahnsinniges Talent, wird aber oft krank. Farida ist sehr klein und zierlich und läuft immer sehr aggressiv. Sie legt sich ins Zeug, bis gar nichts mehr geht und sie aufgeben muss. Bei jeder Trainingseinheit gibt sie alles.

Ich gebe Zakharias 100 Dollar pro Monat für Unterkunft und Verpflegung. Davon lebte ich auch in Schweden. Mit dem Geld, das übrig bleibt, kann ich nach Arusha fahren und mir den Luxus eines Glases Orangensaft gönnen. Dort kaufe ich auch eine Tube Zahnpasta pro Woche, die ich mit den anderen teile. Bevor ich kam, putzten sie sich mit frischen Zweigen die Zähne.

Das Laufsystem in Tansania basiert auf Spenden von früheren Laufsiegern. Sie waren so talentiert, dass sie in anderen Ländern an Wettkämpfen teilnahmen, wo sie Preisgelder gewannen, die sie mit nach Hause brachten und mit denen sie ihre eigenen Häuser bauten. Häufig bauen sie auch ein zweites Haus, in dem talentierte Läufer kostenlos wohnen können, während sie trainieren. Jugendliche Nachwuchssportler dürfen sich ein paar Jahre lang ausschließlich aufs Laufen konzentrieren.

Diejenigen, die große Fortschritte machen, reisen auf eigene Faust ins Ausland und verdienen dort ihr eigenes Geld. Sie tun wiederum ihre Schuldigkeit, indem sie neue Karrieren aufbauen, wenn ihre eigenen beendet sind. Diejenigen, die keine Fortschritte machen, müssen eine andere Laufbahn einschlagen.

Manchmal helfen Sponsoren. Das können ehemalige Mitglieder der Gruppe sein, die ihre Preisgelder teilen, oder Menschen, die einfach nur etwas Gutes tun möchten. Zakharias' Team hat einen schwedischen Sponsor aus Gagnef, der ab und zu 50 bis 100 Dollar pro Athlet pro Monat beisteuert. Ich weiß nicht, wer es ist, aber er soll es von Herzen tun.

Ein kleines Stück von uns entfernt lebt Team Maxi, mit dem wir manchmal trainieren. Zwei Läufer aus der Mannschaft können einen Halbmarathon in unter einer Stunde laufen und sind noch ein bisschen schneller als Naftal. Es ist irre, die beiden laufen zu sehen. Superlocker, ohne sichtbare Anstrengung, die ganze Zeit entspannt, mit vollkommen ruhigen Gesichtern. Ihr Tempo lässt nie aufgrund von Laktat nach; sie bleiben immer auf der richtigen Seite ihrer Grenzen.

Während der Trainingsphase leben und trainieren die verschiedenen Teams in den Hügeln von Tansania und Kenia, wo sie ihre Kraft und Fitness auf den weichen roten Wegen aufbauen. Die dünne Luft stärkt ihr Blut. Die Sportler laufen und ruhen sich aus, Tag für Tag. Sie tun nichts anderes. Sie sehen nicht fern und sie lesen keine Bücher.

Dann verschwinden die Besten von ihnen in die USA, nach Asien oder Europa, wo die höchsten Preisgelder vergeben werden.

DER WEIßE MINIBUS hinterlässt eine schwarze Wolke. „Wenn die Abgase so aussehen, ist der Motor kaputt", hätte Papa gesagt. 20 Leute sitzen in dem Taxi. Naftal sitzt auf meinem Schoß, Dominic auf Naftals. Ich spüre, wie Naftals knochiger Hintern sich in meine Oberschenkel bohrt.

Wir sind auf dem Weg zu der Kaffeeplantage, die nicht weit von uns entfernt vor der kenianischen Grenze liegt. Dort findet ein Qualifikationswettkampf für die Crosslaufweltmeisterschaften statt, und Naftal und Dominic werden daran teilnehmen. Die besten Läufer des Landes sind am Start, und ich soll zuschauen und lernen.

Der Lauf besteht aus sechs zwei Kilometer langen Runden. Wir absolvieren hier manchmal Intervalltraining, daher kenne ich die Strecke: ein breiter Weg ohne Steigungen, der von Bäumen gesäumt ist, die vor der Sonne schützen.

Sie laufen los und legen sich vom Start weg ins Zeug. Nach der ersten Runde sind Naftal und Dominic gut platziert. Sie liegen nicht vorn, sind aber direkt hinter den Führenden. Ich stehe neben den ganzen Trainern. Alle sind entspannt, keine gestressten Gesichter oder laute Schreie. Die Runden vergehen.

Das Rennen ist schnell, die flinken, leichten Beine fliegen über den Boden. Zwei Runden vor Schluss sieht Dominic langsam müde aus, aber Naftal hält noch gut mit. 200 Meter vor Ende der fünften Runde ruft jemand Naftal zu, er solle jetzt sprinten. Ich sehe Naftal zwischen den Bäumen. Sofort beschleunigt er und gibt Vollgas. Seine Beine flitzen, seine Schultern sind entspannt. Er holt immer mehr gegenüber dem Führenden auf, und 50 Meter vor Schluss verschärft cr das Tempo noch einmal. Jetzt läuft er mit absolut maximaler Geschwindigkeit. 20 Meter vor der Ziellinie liegt er nur noch fünf Meter zurück, und der Abstand schrumpft. Ich frage mich, was er vorhat – schließlich muss er noch eine Runde laufen, aber alle Trainer rufen nun: „Schneller, Naftal, SCHNELLER!"

Naftal ist im Tunnel, er denkt, er habe es fast geschafft. Ich erkenne seinen Gesichtsausdruck – das Glücksgefühl, wenn man denkt, alles sei sehr gut gelaufen. Naftal überquert die Ziellinie als Zweiter und reißt die Hände in die Höhe. Sein Gesicht wirkt so glücklich und entspannt. Dann brechen alle Trainer in Gelächter aus, und jemand schreit, Naftal müsse noch eine Runde laufen. Zakharias kann sich vor Lachen kaum halten. Auch ich lache. Es ist unglaublich lustig, als Naftal verblüfft mit steifen Beinen wieder losstolpert.

Naftal lacht, als er die Ziellinie erneut überquert, diesmal als Achter. Ihm wird bewusst, dass er veräppelt wurde. Alle Trainer kommen zu ihm und klopfen ihm auf den Rücken. Die Atmosphäre ist warm. Naftal war der Star des Wettkampfs, auch wenn er es nicht schaffte, sich für die Crosslaufweltmeisterschaften zu qualifizieren.

Mit Laufen verdient Naftal sein Geld, aber es wird deutlich, dass etwas anderes genauso wichtig ist. Vielleicht ist das das Geheimnis, das, was die Sportler so gut macht.

ICH SITZE ALLEIN auf dem Holzstuhl unter dem Dachvorsprung. Ich habe einen dicken Pullover und eine lange Hose an, aber ich friere trotzdem. Ich habe Fieber. Ich trinke Wasser, damit der Geschmack nach Erbrochenem und das Brennen in meinem Hals verschwinden – in der letzten Stunde habe ich mich viermal übergeben. Es ist nur noch Galle übrig.

Ich fühle mich furchtbar. Ich hasse Magenschmerzen mehr als alles andere.

Die Regenzeit hat begonnen, und ich sehe die Blitze über dem Kilimandscharo, östlich von hier in der Ferne. Ich verstehe nicht, wie es so viele Blitze geben kann – oben im Himmel muss viel Wut vorhanden sein. Wie es wohl wäre, mit dem Fallschirm durch diese Wolken zu springen, mit ausgestreckten Armen im Regen zwischen den Blitzen zu fliegen?

Ich wünschte, diese verdammten Magenschmerzen würden nachlassen. Ich will gerade nicht hier sein. Ich sehne mich danach, in der Sonne auf einem warmen Felsen zu liegen. Ich sehne mich nach Mama.

WIR BEGINNEN MIT DEM ersten langen Lauf des Tages und joggen auf dem Weg in der Nähe des Hauses. Nach 50 Metern sehe ich jemanden mit dem Gesicht nach unten auf dem Boden liegen. Als wir näher kommen, erkenne ich, dass er ein großes Loch am Hinterkopf hat. Jemand muss ihn erschlagen haben. Es ist das erste Mal, dass ich einen Toten von Nahem sehe. Die Haut sieht anders aus. Sie ist feucht vom Tau. Ich weiß nicht, was ich tun soll, aber niemand scheint sich für ihn zu interessieren und wir laufen weiter. Nach einer Weile sagt Naftal: „Markos, er ist tot. Wir können nichts tun."

Wir folgen dem schmalen Pfad den Hügel hinauf. Ich konzentriere mich darauf, meine Schultern nicht hochzuziehen. Wir laufen schnell die Anstiege hinauf, aber ich halte mit. Ich bin hungrig, aber auch stark. Ich weiß nicht, woher die Energie kommt.

Als wir zwei Stunden später zurückkehren, liegt der Mann noch immer auf dem Weg. Jemand hat ihn umgedreht. Da liegt er mit geschlossenen Augen und einem schmutzigen T-Shirt. Wir laufen nach Hause.

Kurz darauf kommen vier Männer mit dem Toten vorbei. Sie tragen ihn an den Armen und Beinen, sein Kopf bewegt sich auf und ab, während sie Richtung Dorf gehen. Niemand wusste, wer er war. Niemand erkannte ihn.

Ich dehne mich, esse eine Banane und trinke eine Tasse Grütze mit viel Zucker. Den Rest meines Magens fülle ich mit Wasser. Mein Magen fühlt sich voll an, aber mein Körper ist noch hungrig.

Ich lege mich aufs Bett, und alles kommt mir unwirklich vor. Jemand wurde 50 Meter von meinem Schlafzimmerfenster entfernt erschlagen, und ich habe nichts mitbekommen. Ich frage mich, ob seine Familie jemals herausfinden wird, warum er verschwand.

ICH SCHLAFE SCHLECHT. Obwohl ich müde bin, wenn ich mich hinlege, schwirrt etwas in meinem Kopf herum und weckt mich immer wieder auf, eine Art von Reizstoff, der mich überhitzen lässt. Ich schlafe und wache auf, schlafe und wache auf. Nachts stehe ich auf, um kaltes Wasser hochzupumpen und die Wärme abzuspülen.

Ich höre die Moskitos immer deutlicher. Mein Körper fühlt sich elektrisiert an. Es ist, als würde ich bald von innen aufgefressen.

Als ich versuche, es Zakharias zu erklären, sagt er, es sei ein gutes Zeichen, dass ich aufstehen und kalt duschen müsse.

„*Die Form wird kommen*, Markos."

Ich bezweifle, dass er recht hat, aber ich mache weiter.

ICH SITZE MIT ZAKHARIAS zwischen den Trainern an der Laufbahn im Stadion von Arusha. Intervalltraining auf der Bahn. Die besten Läufer der Gegend sind da: Naftal und Dominic aus meiner Gruppe und noch etwa 20 andere Läufer aus anderen Teams. Neben mir sitzt der ehemalige 10.000-Meter-Weltkordhalter auf Asphalt. Er sieht Morgan Freeman unheimlich ähnlich, hat sogar die gleichen Sommersprossen im Gesicht – sie könnten Brüder sein.

Abends kommt er oft auf ein Bier bei uns vorbei. Wenn er und Zakharias Alkohol trinken, sprechen sie sehr laut. Ich verstehe nicht viel von dem, was sie sagen, aber ich bekomme mit, dass es um alte Wettkämpfe im Ausland geht, an denen sie vor vielen Jahren teilnahmen, als sie in der Form ihres Lebens waren. In meinem Kopf füge ich Einzelheiten hinzu und stelle mir vor, dass sie darüber sprechen, wie einfach und entspannt sie liefen und dass sie ihre Gegner auf den letzten Kilometern jedes Laufs vernichtend schlugen. Oder darüber, dass sie sehr schnell losliefen und ihre Konkurrenten schlichtweg zermürbten. Geschichten aus einer anderen Zeit, die ihnen noch immer sehr viel bedeutet. Ich liebe es, wie all diese Erinnerungen ihre Augen zum Leuchten bringen.

Die Läufer vor uns absolvieren 600-Meter-Intervalle. Ihr Tempo ist unglaublich hoch. Sie sehen aus wie eine kompakte schwarze Wolke, die Runde für Runde um die Bahn rauscht. Nach jedem Intervall joggen sie 200 Meter zur Erholung, schweigend und fokussiert. Dann rennen sie wieder los.

Die Trainer lachen und quatschen am Rand der Laufbahn. Sechs von ihnen sitzen auf einer Holzbank. Ein Platzwart mäht den Rasen auf dem Fußballfeld mit einem altmodischen Rasenmäher. Hin und her, hin und her in dem hohen Gras. Der Schweiß rinnt ihm über die nackte Brust. Von den weißen Betontribünen des Stadions blättert die Farbe ab.

Die Sportler absolvieren ein Intervall nach dem anderen. Es ist Mittag, und die Sonne bringt die Luft zum Flimmern. Nach einem Intervall läuft einer der Sportler zu seiner Kleidung, um einen Schluck Wasser zu trinken. Sofort läuft einer der Trainer zu ihm und schlägt ihn mit einem Stock.

„Kein Wasser!"

Der Läufer sprintet davon. Die anderen Trainer lachen. Der Sportler, der auf den Rücken geschlagen wurde, zählt zu den Besten, er gewinnt auf der ganzen Welt große Läufe. Aber auf der Laufbahn wird jeder gleich behandelt.

Nach dem Training kauft Zakharias Fanta für Naftal, Dominic und mich. Dieser süße orange Geschmack in einer Glasflasche. Fantastisch.

WIR MACHEN EINEN LANGEN LAUF und ich befinde mich in der Mitte der Gruppe. An jedem Anstieg wird das Tempo spürbar erhöht, aber ich bin auf der richtigen Seite der Grenze, kein Laktat. Ich laufe mit dem Blut, mit dem Sauerstoff. Ich kann so lange weiterlaufen, wie ich muss.

Seitdem ich hier bin, habe ich sechs Kilogramm abgenommen. Wenn ich weiterhin das Essen einschränke, kann ich sicherlich noch ein paar Kilo mehr loswerden.

Während des Trainings, wenn das Blut schnell zirkuliert, habe ich keinen Hunger. Die Energie scheint dann von irgendwo tief in meinem Körper zu kommen, wie aus dem Knochenmark. Ich denke nur über die Atmung nach und trenne meinen Körper von meinem Kopf. Nichts anderes zählt.

Auf einmal setzt Regen ein, schwere Tropfen fallen mit erstaunlicher Wucht vom Himmel. Plötzlich kommt Panik in der Gruppe auf.

„Markos, wir können nicht im Regen bleiben", sagt Naftal. „Etwas kommt aus dem Boden, das uns krank macht. Wir müssen uns unterstellen."

Wir kommen an einer Hütte mit einem Blechdach vorbei, und alle laufen hinüber. Dort stehen wir dicht an dicht, während der Regen aufs Dach trommelt. Ich verstehe es nicht. Ich wäre lieber draußen im Regen, um die schweren, kühlen Tropfen auf meinem Kopf zu spüren. Ich frage Naftal, was genau aus dem Boden kommt.

„Ich weiß es nicht, aber es macht krank."

Dann ist es wieder ruhig. Der Regen ist so schnell verschwunden, wie er gekommen ist. Die Sonne kommt heraus, und wir laufen weiter über die matschigen Wege. Die anderen sind sehr schlecht darin, auf rutschigen Oberflächen zu laufen, und jetzt sind sie diejenigen, die keine Chance haben, mein Tempo zu halten.

Ich komme ganz mit Schlamm bespritzt wieder nach Hause, spüle meine Schuhe ab und wasche meine Socken. Ich esse eine reife Mango und trinke meine Maisgrütze. Dann gehe ich zu der Arzthütte, um das Ergebnis der Probe zu erfahren, die ich ein paar Tage zuvor dort abgab. Mein Magen fühlt sich seltsam an, und ich bin erschöpft.

Der Arzt trägt eine Brille und hat schöne, sanfte Hände.

„Markos", sagt er, „keine Malaria, kein Typhus. Das ist gut. Aber du hast Amöben und Hakenwürmer im Magen. Nicht gefährlich, aber du musst Medikamente nehmen. Wenn du Fieber bekommst, musst du noch einmal kommen."

Ich schlendere allein zurück durchs Dorf. Aus jedem Haus, an dem ich vorbeikomme, lächeln mich die Leute an. Alle erkennen mich. Ein paar Kinder laufen mir über die schmalen Wege hinterher. Barfuß auf schlammigen Wegen, fühlte sich so der Messias?

Als ich zu Hause ankomme, steht Essen für mich auf dem Tisch. Mama Gwandu hat Dagaar gemacht, kleine gesalzene und getrocknete Fische, die sie in großen Tüten auf dem Markt in Arusha kauft. Sie brät sie mit Tomaten und Knoblauch. Der Geschmack explodiert in meinem Kopf. In dem Moment schmeckt es wie das Leckerste, was ich jemals gegessen habe.

WIR WERDEN INTERVALLE in den Kaffeefeldern laufen. Gegen neun Uhr morgens laufen wir von zu Hause aus dorthin. Wir werden am Fuß des Berges laufen, keine Hügel, alles im Flachen. Ich fühle mich ein bisschen energielos. Wir überqueren die Straße, die nach Kenia führt, und erreichen knapp eine Stunde später die Felder.

Zakharias wartet im Schatten eines niedrigen Baums auf uns. Ich bin wacklig auf den Beinen. Ich sehne mich nach einem Loch im Eis, wo ich in die Dunkelheit und Kälte abtauchen könnte. Ich bin unglaublich hungrig.

Es geht los – drei bis vier Minuten lang laufen wir schnell, dann joggen wir eine Weile, um uns zu erholen. Ich bin jetzt auf der falschen Seite der Grenze. Durch das Laktat brennen meine Beine. Mein Körper hat keine Zeit, um sich zwischen den Intervallen zu erholen. Ich falle zurück und habe keine Energie, um mich zu konzentrieren. Nach einer Ewigkeit ist das Training beendet.

„Müde heute, Markos?", fragt Zakharias.

„Ja, meine Beine sind heute langsam."

Naftal lacht, als er mich sieht.

„Kein Problem, Markos."

Auf dem Heimweg geht Zakharias mit uns. Er klopft an die Tür eines runzligen kleinen Bauern, gibt ihm Geld und kauft 30 Zentimeter Zuckerrohr für jeden von uns.

Ein Orgasmus im Mund. Die Energie zeigt Wirkung und ich fühle mich wie Hulk. Das Zuckerrohr ist scharf und schneidet mir die Lippen auf, aber ich kaue immer weiter, bis ich jedes Gramm Zucker herausgesaugt habe.

EINES NACHTS TRÄUME ICH VON MAMA. Im Traum fährt sie ihren elektrischen Rollstuhl mit zitternden Händen. Sie ist unten im Hafen und fährt auf den Kai, ganz bis zum Rand. Sie ist mit ihrem Sicherheitsgurt im Stuhl angeschnallt. Dann kommt sie zu nah an den Rand und fällt ins Meer. Wie das Fahrrad in *E.T.* fliegt sie durch die Luft und ins kalte Wasser.

Sie kann sich nicht befreien und sinkt immer tiefer. Die Luft wird aus ihren Lungen gedrückt.

Sie wird immer kleiner, bis sie in 15 Metern Tiefe den Boden erreicht. Der Rollstuhl sinkt in den Schlamm.

Kein Grün. Kein Seegras. Nur Dunkelheit.

Ich sollte da sein.

DER MANN VON MAMA GWANDUS SCHWESTER IST GESTORBEN. Zakharias sagt, er sei an AIDS gestorben, oder war es eine Lungenentzündung? Wie dem auch sei, am Ende hustete er sehr viel.

Die Schwester begrüßt uns mit Tränen in den Augen. Ich sehe sie jetzt zum ersten Mal, und die Begegnung fühlt sich seltsam an. Die

Frauen gehen in die Küche, und wir anderen setzen uns an den Tisch. In der Mitte steht eine große runde Schüssel mit Essen. Mit den Händen essen wir Hühnchen und frittierten Reis direkt aus der Schüssel.

Die Männer am Tisch sprechen Swahili. Ich verstehe ein bisschen, aber ich habe mir nicht wirklich Mühe gegeben, es richtig zu lernen. Ich konzentriere mich nur aufs Laufen und Ausruhen. Meine ganze Energie steht meinem Körper zur Verfügung.

Ich bin von Menschen umgeben, aber allein mit meinen Gedanken. Es ist wie eine Weihnachtsfeier und eine Totenwache in einem. Eigentlich unterscheiden sie sich kaum. Geschenke, Essen, Hunger und ein Mann, der an AIDS starb.

Hier ist es anders. Hier geht man anders mit Tod und Trauer um.

ICH HOCKE HINTER EINEM BUSCH und erleichtere mich. Die anderen laufen weiter. Sie wissen, dass ich mittlerweile allein nach Hause finde. Die Amöben spielen verrückt. Ein bohrender Schmerz in meinem Magen, der kommt und geht. Mein Stuhl stinkt nach Ei. Ich wische mir den Po mit grünen Blättern und kratzigem Gras ab und laufe weiter.

Schön, noch einmal ein bisschen allein zu laufen. Das vermisse ich. Ich sehne mich danach, wieder in einen Schlafsack eingepackt zu sein, mit einer kalten Nase und dampfendem Atem, der durch das Loch im Zelt hinausgesogen wird. Ich laufe gegen einen Baum und bekomme einen Kratzer am Oberschenkel. Mist!

Ich ziehe die Hose herunter, pinkle mir in die Hand und reinige den Kratzer mit dunklem Urin. Ich habe riesigen Respekt vor kleinen Schnitten. Nur gut, dass ich ihn jetzt direkt gesäubert habe.

Nach einer Weile hole ich Patrick ein, der auch zurückgefallen ist. Wir legen uns ins Zeug, um die anderen einzuholen. Patrick verpasste ein paar Tage lang das Training. Er fühlt sich schwach und nimmt Medikamente gegen Malaria, Typhus, Hakenwürmer und Amöben. Seine Augen sind müde. Wahrscheinlich hat er noch Fieber.

Wir holen die anderen ein und ich reihe mich ganz hinten in der Gruppe ein. Die anderen laufen schneller, aber ich halte mit. Patrick wirkt schlaff, seine Hüften und Beine scheinen nicht aufeinander abgestimmt zu sein. Er fällt zurück, während wir anderen weiter den Berg hochlaufen.

Die Baumgrenze ist hier viel höher als in Jämtland. Permanentes Grün, keine offensichtlichen Kontraste. Alles wächst mit phänomenaler Geschwindigkeit: heute ein zarter grüner Halm, morgen ein Bananenbaum.

Naftal macht Druck, und ich konzentriere mich auf seinen Rücken vor mir. Ich stelle mir vor, ich wäre mit einem starken Gummiband an ihm befestigt. Wir erreichen ein weiteres Plateau, bevor wir uns endlich umdrehen und bergab laufen. Toll, dass ich mich nicht mehr konzentrieren muss. Jetzt kann ich einfach rollen lassen.

Zu Hause beende ich das Training mit 150 Sit-ups und 50 Liegestützen. Ich habe keine Kraft mehr in den Armen. Sie sind dünn wie Stöcke.

In vier Monaten habe ich acht Kilogramm abgenommen. Und ich werde nie der Beste sein.

Ich sehe die Leichtigkeit, mit der meine Freunde dahinfliegen, und mich mit ihnen zu vergleichen, kommt mir fast schon lächerlich vor. Sie haben entspannte Beine und starke Gesäßmuskeln; sie sind gleichzeitig dünn und explosiv. Gleichgültig, wie viel ich trainiere, ich werde nie so laufen können wie sie.

Mein Körper ist nicht ans Laufen angepasst. Ich habe dickere Waden und mehr Muskeln und bin insgesamt kräftiger.

Mein Körper liebt das Laufen. Ich bin ein Läufer. Ich kann mir vorstellen, zehn Kilometer in 28 Minuten zu laufen, wenn alles optimal läuft. Schneller ist schlicht unmöglich. Das steckt einfach nicht in mir.

Dafür müsste ich in einem anderen Körper wiedergeboren werden.

EINES TAGES FAHREN WIR FRÜHMORGENS mit dem Taxi weit hinaus in die Savanne. Ich trage meine Strickmütze und einen Overall. Draußen ist es dunkel und kalt. Wir sitzen wie die Sardinen auf der Rückbank. 35 Kilometer von zu Hause entfernt werden wir herausgelassen. So weit das Auge reicht, ist keine Menschenseele zu sehen.

Wir machen uns auf den Weg nach Hause. Nach einer Weile kommen wir an einem einsamen Hirten vorbei, der, in eine Decke gehüllt, am Straßenrand steht. Ein bisschen weiter weg grasen ein paar sehr dürre Kühe. Zum Schutz vor Raubtieren hält der Hirte einen Holzknüppel in der Hand.

Ich denke, ich hätte mein Leben mit ihm tauschen und ziemlich zufrieden sein können. Meine Kühe, ein Holzknüppel und ein Löwe. Ich bin dafür verantwortlich, die Tiere zu verteidigen, die meine Nahrung liefern.

Die Sonne geht auf und brennt den Morgentau weg. Der Tag wird langsam warm. Wir laufen ruhig, etwa vier Minuten pro Kilometer. Je näher wir Arusha kommen, desto mehr gibt es von allem: Menschen, Gerüche, Häuser und Autos. Der schwarze Asphalt brennt unter unseren Füßen.

Wir werden von einem Lkw überholt, der einen Radfahrer hinter sich herzieht, der sich mit der rechten Hand hinten festhält. Der Fahrer fährt schnell, wahrscheinlich etwa 70 Kilometer pro Stunde. Mit einer Hand hält der Radfahrer den Lenker fest. Er wirkt glücklich und entspannt. Ein Stückchen weiter hält der Lkw-Fahrer an einer Kreuzung abrupt an. Der Radfahrer verliert den Halt, fährt direkt auf die Kreuzung und stößt frontal mit einem anderen Lkw zusammen.

Als wir daran vorbeilaufen, ist der Radfahrer komplett zerquetscht. Sein Kopf ist platt, sein Körper verdreht. Er sieht nicht mehr aus wie ein Mensch. Am Lkw sehen wir Blut und zersplitterte Knochen. Was er wohl dachte? Es ging alles so schnell. Menschen eilen herbei und tragen das Rad und die Leiche weg. Wir laufen weiter. Das Blut pocht in meinen Schläfen.

Als wir nach Hause kommen, schäle ich eine grüne Orange und trinke warmes Wasser. Habe ich wirklich vor 45 Minuten gesehen, wie jemand zerquetscht wurde? Es fühlt sich unwirklich an, hier zu stehen und eine süße Orange zu essen.

Alles geht hier so schnell. Die Sonne geht innerhalb von einer Minute auf und genauso schnell wieder unter. Die Linie zwischen Leben und Tod ist hier dünner. Ich sehne mich nach einer langen, langsamen Dämmerung, die so lange dauert, dass ich sie wahrnehmen kann.

BOHUSLÄN-KÄSEKUCHEN, GERÄUCHERTER LACHS und Janssons Versuchung. Und Cidre. Ich lechze nach Cidre. Nach dem Sprudeln und dem süßen Geschmack in meinem Mund.

Ich weiß, dass alles vorbei sein wird, wenn ich nicht endlich mehr esse. Ich wiege 53 Kilogramm und kann den Umriss jedes einzelnen Knochens durch meine Haut sehen. Ich habe eine Art Schwelle überschritten. Ich denke die ganze Zeit an Essen.

Das letzte bisschen Energie verschwindet langsam, aber ich schaffe es nicht, aus dieser Spirale auszubrechen. Immer wenn ich esse, steigt Panik in mir auf. Mein Kopf sagt mir ständig: Du musst dünner werden, wenn du schneller laufen willst, Markus.

Ich bin total am Ende.

Ich darf wirklich nicht mehr dünner werden, als ich es jetzt bin. Wenn ich doch dünner werde, kann ich gar nicht mehr laufen. Mein Körper wird alle Fettreserven aufgebraucht haben, und wenn ich nicht mehr Energie zuführe, wird er einfach aufhören zu arbeiten.

Ich kann auch nur noch langsam denken. Da nichts anderes da ist, hat mein Körper wahrscheinlich angefangen, das Fett in meinem Hirn zu verbrauchen. Warum muss ich immer bis ans Äußerste gehen? Alles übertreiben?

Mein Körper und mein Gehirn haben unterschiedliche Willen, die sich um denselben Raum streiten.

Ich blättere das Tagebuch durch, in das ich jeden Tag schreibe. Jeder Satz beginnt mit „ich", „ich", „ich" …

EINES SAMSTAGABENDS gehen Dam-Dam und ich die dunklen Straßen zwischen den Häusern entlang. Wir sind auf dem Weg zum Bauern, um Milch zu kaufen. Einmal pro Woche machen wir milchigen Tee. Zakharias sagt, unsere Lungen werden schwer, wenn wir ihn öfter trinken.

Der Bauer hat eine einsame Kuh. Sie ist weiß und knochig, und ich verstehe nicht, dass sie überhaupt Milch produzieren kann. Sie sieht so vertrocknet und durstig aus. Wir kaufen zwei Liter und gehen mit der frischen, warmen Milch in einem verbeulten Blecheimer nach Hause. Wir zünden ein Feuer an, kochen die Milch und geben die fein gemahlenen Teeblätter hinzu. Wir lassen den Tee eine Weile ziehen, bevor wir ihn in große Tassen schütten.

Naftal, Dam-Dam, Dominic, Zakharias und ich sitzen draußen in der Dunkelheit unter den Bäumen und trinken den Tee in kleinen Schlucken. Ich streue viele Löffel Zucker in meine Tasse. Alles, was ich von den anderen sehen kann, ist das Weiß ihrer Augen. Niemand sagt etwas. Die Moskitos jammern.

Zakharias sagt, Naftal und Dam-Dam hätten Kinder. Naftal hat eine einjährige Tochter. Dam-Dam hat vier Kinder und eine Frau, die in einem Dorf leben, das nur ein paar Kilometer entfernt ist. Sie sehen ihre Familien aber nicht sehr oft, nur ein paarmal im Jahr – vor und nach der Laufsaison.

Sie sehen nicht, wie ihre Kinder aufwachsen. Stattdessen nutzen sie ihre produktivsten Jahre, um Geld zu verdienen. Bei Opa war das genauso. Er war zu Hause, als eines seiner vier Kinder auf die Welt kam, aber bei den Geburten der anderen war er draußen auf dem Meer. Ich verbrachte mehr Zeit mit Opa als Mama.

Ich trinke die fettige Milch, und mir ist bewusst, wie die Milchproteine sich durch mein Blut verteilen und die angerissenen Muskelfasern reparieren. Ich kann den Mond nicht sehen, nur winzige Sterne weit weg am Himmel. Das ist der Höhepunkt der Woche.

MEINE SECHS MONATE SIND VORBEI. Ich sehne mich nach kaltem Regen und dunklen Wäldern. Und danach, mit meinem eigenen Teller allein zu sein.

Ich spreche langsam, die Nervenbahnen, die von meinem Hirn zu meinem Mund verlaufen, scheinen nicht allzu gut zu funktionieren. Ich klinge wie Mama, wenn sie müde ist.

Ich verschenke alle meine Trainingssachen. Patrick bekommt ein Paar meiner ausgetretenen Schuhe. Sie sind ihm zu groß, aber seine eigenen fallen auseinander, deshalb zieht er meine vor. Das zweite Paar schmeiße ich weg – es ist ganz hinüber. Meine hellblaue Laufhose gebe ich Dominic. Sie hält noch, nur ein kleines Loch im Schritt. Dam-Dam bekommt meine Leggings, damit er laufen kann, ohne zu knistern. Naftal erhält meinen dicken Baumwollpullover und mein lilafarbenes Lauftrikot mit dem Wappen von Duveds Sportverein. Zakharias bekommt meine Wollunterwäsche und meinen Anorak. Ich gebe Dominic, Naftal und Dam-Dam jeweils ein Paar Socken. Patrick bekommt die andere lange Unterhose.

Ich gehe zum Müller, weil ich vorhabe, zu Hause weiterhin die Grütze zu trinken. Er entfernt die Kleie und mahlt den Mais zu einem feinen Pulver, das aussieht wie Graham-Mehl. Ich packe es in zwei Säcke, die ich auf dem Rücken trage. Ich schaffe es kaum, das Mehl zum Haus zu tragen. 30 Kilogramm wiegen jetzt mehr als vor vier Monaten.

Als ich am Haus ankomme, hat Mama Gwandu ein Hühnchen zubereitet. Mein Lieblingsgericht. Ich esse mehr als sonst und fühle mich sofort gestresst. Ich bedanke mich für das Essen und drücke alle ganz fest und herzlich. Ein schnelles Ende. Wie ein schneller Sonnenaufgang oder ein Frontalzusammenstoß mit einem Lkw. Ich sehe ihre freundlichen Mienen noch vor mir, als ich wieder hineingehe und die paar Dinge einpacke, die ich nicht hierlasse.

Ich schalte den CD-Player ein und lege mich aufs Bett. Ich höre „Lullaby" von Low und warte auf die Morgendämmerung.

Die anderen schlafen, als ich aufstehe. Ich gehe allein durch die Dunkelheit zur Bushaltestelle. Ich sehe keine leuchtenden Augen, die mich durch die Dunkelheit ansehen, keine Kinder laufen zu mir. Das Mehl in meinem Rucksack nimmt die Form meines Rückens an. Jetzt möchte ich nur nach Hause kommen.

Einen ganzen Tag lang sitze ich im Bus. Wir fahren an Giraffen und Elefanten vorbei. Es ist, wie übers Meer zu fahren, in alle Richtungen kann man so weit sehen. Keine Bäume, nur grünes Gras und die Tiere und ab und zu ein Massai mit einer roten Decke über der Schulter und einem Holzknüppel in der Hand.

Am Abend treffen wir am Flughafen in Nairobi ein. Zwei Stunden vor Abflug versuche ich herauszufinden, wo ich einchecken muss. Ich habe großen Hunger und bin müde und kann es kaum abwarten, mich im Flugzeug auf meinen Sitz sinken zu lassen. Ich kann meinen Flug nicht auf der Informationstafel finden und habe ein seltsames Gefühl, wie ein kleiner Vogel, der in meiner Brust herumflattert. Verdammt noch mal. Warum geht immer alles schief?

Ich verkrafte keine Probleme mehr. Ich überprüfe mein Ticket, aber alles scheint in Ordnung zu sein.

An einem der Gates frage ich einen Angestellten, ob er etwas über mein Flugzeug gehört habe. Er sieht mich aufmerksam an und sagt, heute Abend gäbe es keinen solchen Flug.

„Aber ich habe doch ein Ticket für den Flug heute Abend", beteuere ich.

„Kann ich es sehen?"

Er wirft einen Blick darauf.

„Der Abflug war gestern."

„Sie machen wohl einen Witz?"

„Nein, Sie haben das Ticket falsch gelesen. Sie landen am Siebten in Göteborg, also heute. Der Abflug war gestern."

„Und was mache ich dann jetzt?"

„Weiß ich nicht", antwortet der Mann schroff.

Ich würde ihm gern eins auf die Nase geben, aber ich tue es nicht. Schließlich ist es nicht seine Schuld. Du steckst tief im Schlamassel, Torgeby.

Ich lege mich auf eine Bank und versuche, tief durchzuatmen. Am liebsten würde ich auf die Toilette gehen und mich die Rohre hinunterspülen und bis ins Meer treiben lassen. Ich habe 100 Kronen in der Tasche und kein Ticket. Was mache ich nur?

Ich wechsle das restliche Geld, damit ich mir zumindest etwas zu essen kaufen kann. Dann gehe ich aus dem Terminal und kaufe mir

Bohnen und Maisbrei. Ich konzentriere mich auf das Essen und auf nichts anderes. Ich fühle mich gut. Mein Hirn arbeitet langsam wieder. Ich habe noch ein paar Münzen. Vielleicht kann ich jemanden anrufen? Hat der Reiseanbieter nicht eine Hotline?

Ich gehe wieder hinein, rufe Kilroy Travels an und erzähle ihnen eine Geschichte über Unruhen, einen Fahrer, der einen Herzinfarkt bekam, und ausgelaufenes Benzin. Sie reservieren mir einen Platz für den nächsten Flug nach Schweden.

Halleluja.

IN LANDVETTER BEGRÜßT PAPA MICH mit offenen Armen. Wir fahren auf der Autobahn nach Göteborg, vorbei an Verkehrsschildern mit weißem Text auf blauem Hintergrund. Wunderbar, wieder zu Hause zu sein. Wir fahren am Friedhof von Landvetter vorbei, wo der Boxer begraben ist. Es ist vier Jahre her, dass ich den Sarg trug, aber ich kann das Gewicht noch immer auf meiner Schulter spüren. Ich denke jeden Tag an ihn und frage mich, warum ich noch lebe, während ihn die Erde verzehrt. Ich denke viel über den Tod nach, darüber, dass er ständig näherkommt.

Papa legt seine warme Hand über meine. Das macht er immer, wenn wir Auto fahren. Autofahren klappt immer gut bei uns. Wenn wir zusammen im Auto sitzen, gibt es keine Wut. Diese Zeit gehört uns.

Wir fahren auf die Fähre, und ich steige aus und gehe zur Reling am Bug. Es ist kühl draußen, und es fühlt sich gut an, ein bisschen zu frieren. Ich sehe den Hafen von Öckerö und den großen Kran am Kai. Alles ist ruhig und still. Ich atme die salzige, feuchte Luft ein. Sechs Monate lang habe ich mit niemandem in Schweden gesprochen. Ich war nur in meiner eigenen Blase.

Was wohl passieren würde, wenn ich vor der Fähre ins Wasser fiele? Könnte ich unter ihr herschwimmen? An diesem speziellen Tag hätte ich es vermutlich nicht geschafft.

MAMA SCHLÄFT AUF DEM SOFA, als ich nach Hause komme. Auf demselben Sofa wie vorher, aber jetzt ist es mit schwarzem Stoff bezogen. Dieselbe Carola im CD-Player. Meine kleine Schwester Ida ist zu Hause und sagt, ich sähe total komisch aus.

„Du sieht aus wie ein wandelndes Strichmännchen mit eingesunkenen Augen."

„So schlimm kann das doch gar nicht sein", sage ich.

„Doch, ist es. Eine Mischung aus Konzentrationslager und Biafra-Kind."

Oma und Opa kommen herein.

„Du meine Güte, was ist passiert, Markus?", sagt Oma. „Was hast du in Afrika gemacht?"

„Ich bin gelaufen", antworte ich.

Ich bereite Maisbrei auf dem Herd zu. Ich habe seit dem Abflug in Nairobi nichts gegessen. Das Essen im Flugzeug sah seltsam aus, deshalb verzichtete ich darauf.

„Was für ein Zeug machst du denn da?", fragt Oma.

„Maisbrei."

„Maisbrei? Was hast du gegen Kartoffeln?"

„Nichts, aber Maisbrei ist toll. Alle Afrikaner ernähren sich davon."

„Das glaube ich gerne. Kein Wunder, dass sie alle so klein sind."

MEINE SCHWESTER IDA UND ICH SCHLENDERN über die Insel. Ich trage mehrere Schichten Klamotten und habe mir die Strickmütze über die Ohren gezogen. Meine Gelenke fühlen sich steif an. Es ist, als hätte mein Körper kein Schmiermittel mehr.

Ich grüße die Leute, die ich erkenne. Alle wirken so groß und bleich, wie Riesen. Ich gerate in Panik, als ich all das weiße Fleisch an mir vorbeigehen sehe. Ich denke an all das Essen, das sie zu sich nehmen müssen, um solch gewaltige Körper zu unterhalten. Ida beschwert sich: „Was ist los mit dir, Markus? Nur weil du aussiehst wie ein Skelett, musst du nicht gehen wie eins."

„Was meinst du? Ich gehe nicht langsam. Ich bin schon immer so gegangen."

„Ach, hör doch auf. Du bewegst dich wie eine Schnecke."

Wir gehen am hellen Schilf beim Rördammen vorbei, über die Heide und die Felsen nach unten ans Meer. Der Wind weht aus westlicher Richtung, und die Wellen schäumen. Ich habe schon ewig keinen kühlen Wind mehr im Gesicht gespürt.

EINES TAGES STELLE ICH MICH AUF Mamas Waage. 52,2 Kilogramm. In sechs Monaten habe ich zwölf Kilogramm abgenommen.

Innendrin fühlt es sich komisch an. Ich spüre kein Leben, keine Kraft. Ich weiß, dass ich wieder essen muss, aber mein Kopf sagt noch immer Nein. Es spielt keine Rolle, dass Ida und Oma sagen, ich sähe aus wie ein Skelett; jeder Bissen, den ich herunterschlucke, beunruhigt mich noch immer.

Wie kann das sein? Welchen Unterschied macht es, ob ich zehn Kilometer in 31 oder in 28 Minuten laufen kann?

Ich betrachte mich im Spiegel und sehe einen Körper, der definitiv noch leichter werden kann. Ich bin mir ganz sicher. Es ist beinahe wie etwas Chemisches oder Physisches in meinem Kopf, wie ein wasserdichter Bereich zwischen diesem Gedanken und allem anderen. Ich stehe in der Dunkelheit auf dem Boden eines Brunnens und sehe oben die Freiheit und das Essen, aber die Wände sind rutschig und ich kann nicht hinaufklettern.

Nun, da meine Denkprozesse so langsam ablaufen, kommen mir nur bedeutende Gedanken.

Warum mache ich das alles?

Das Leben scheint nur dann leicht zu sein, wenn ich allein bin.

ICH LIEGE NEBEN MAMA auf dem Sofa. Sie ist unglaublich müde. Sie spricht langsam und mit kurzen Sätzen. Sie sagt nichts über die Vorhänge, sie weint nicht einmal mehr. Ich glaube, sie hat keine Tränen mehr.

„Markus, glaubst du, ich werde wieder gesund?"

„Ich hoffe es, aber ich weiß es nicht", sage ich.

Sie sieht mich mit ihren blauen Augen an.

„Mein Körper fühlt sich an wie ein schwerer Stein", sagt sie. „Ich bin es so satt, hier zu liegen."

„Das verstehe ich", sage ich. „Aber du gehst doch gut damit um."

Läge ich dort mit einem Körper, der nicht gehorcht, hätte ich Steine in meine Taschen gestopft und wäre zum Hafen gefahren. Ich hätte alle Luft auf dem Weg zum Grund ausgeatmet, unten tief eingeatmet und meine Lungen mit Salzwasser gefüllt. Und wäre bei den Engeln oder den Teufeln aufgewacht.

Das ist etwas, was ich oft gedacht habe, eine Angst, die ich tief in meinem Kopf mit mir herumtrage.

„Musst du so schnell schon wieder weg?", fragt Mama. „Du bist doch erst seit zwei Wochen zu Hause."

„Hier ist kein Platz für mich."

„Sag so was nicht. Du bist mein Junge, und du kannst so lange hier blciben, wie du möchtest."

„Mama, ich muss ein bisschen allein sein. Ich bin müde im Körper und im Kopf. Ich sehne mich nach dem Wald."

Ich umarme sie und sage Tschüss. Es ist Zeit.

Papa legt seine Hand über meine, als er mich zur Fähre bringt.

RÜCKKEHR

ICH SEHE DIE ROTEN RÜCKLEUCHTEN des Zugs im Tal in Richtung Storlien verschwinden. Ich stieg als Einziger in Undersåker aus. Der Bahnhof ist verlassen.

Die Sonne scheint von einem wolkenlosen blauen Himmel herab, und ich atme die trockene Luft ein. Es ist ein paar Grad kälter als auf Öckerö. Über der Baumlinie liegt noch immer Schnee, sonst ist der Boden karg. Die Birken fangen an zu knospen; der Frühling kommt.

Im ICA kaufe ich Obst, Rosinen, sehr viele Haferflocken und Makrelen in Tomatensoße aus der Dose. Ich begegne niemandem, den ich kenne, als ich den langen Anstieg zur E 14 hinaufwandere; niemand ist da, um Hallo zu sagen. Es fühlt sich gut an, allein zu sein. Ich beschließe, nicht per Anhalter zu fahren, und gehe stattdessen die fünf Kilometer nach Hålland.

Ich schleiche mich in die Schule. Die Zahlenkombination für das Schloss vom Lagerraum hat sich seit meiner Abreise nach Tansania nicht geändert. Meine Schlafsäcke, der Campingkocher und die Rentierfelle sind noch immer in ihrem Versteck in der Ecke neben der Plastikkiste mit der Baumwollplane für das Zelt. Ich hieve alles auf meinen Rücken und gehe los.

Der Rucksack bohrt sich in meine Schultern, als ich über den Hügel gehe. Ich fühle mich beängstigend schwach, als wären meine Arme nicht richtig an meinen Körper befestigt. Meine Füße werden nass, als ich durch den Slagsån wate.

Sechs Monate sind vergangen, seit ich zuletzt auf der Lichtung war, und die Natur erobert sie langsam zurück. Die Rosshaarmatratze ist klatschnass, und Vögel und Mäuse haben Löcher in den Stoff hineingefressen, aber das Bett selbst ist eigentlich in Ordnung. Ich stelle es wieder an den Platz, an dem es vor meiner Abreise stand, rolle zwei Rentierfelle auseinander, hole den Schlafsack heraus und lege mich auf den Rücken. Der Himmel ist noch immer blau. Es sind 8° C. Ich schließe die Augen. Als ich viele Stunden später aufwache, ist mein Körper schwer und entspannt.

Ich öffne eine Dose Makrelen, und die Tomatensoße spritzt auf meinen Pullover. Mein ganzer Körper riecht nach Fisch, als ich zum Bach hinuntergehe, um etwas zu trinken. Von dem eiskalten Wasser bekomme ich kurz Hirnfrost, aber, oh mein Gott, wie sehr ich mich in den letzten Monaten doch danach sehnte, reines, kaltes Wasser zu trinken, ohne mir Gedanken über Amöben und Typhus machen zu müssen.

Der schwarze Müllsack hängt noch immer unter der Tanne. Die Axt, die Säge, meine Gewürze, meine Arbeitshose, meine Stiefel, alles hat überlebt, auch wenn die Axt ein bisschen rostig ist.

Ich habe beschlossen, mein Quartier zu verlegen. Auf der Südseite des Helgesjön befindet sich eine kleine Lichtung, die ringsherum von sehr dichtem Wald umgeben und sehr schwer zu finden ist. Dort sind mehr Birken und der Boden ist nasser. Das Moos wird für die Beine angenehmer sein.

Die neue Stelle liegt nur etwa einen Kilometer von hier entfernt, und ich packe so viel zusammen, wie ich tragen kann, bevor ich losgehe. Mein Herz schlägt langsam, mein Körper fühlt sich träge und gebrechlich an. Es ist frustrierend, so verdammt schwach zu sein. Ich muss fünfmal hin- und hergehen, um die ganze Ausrüstung, das Bett und die 20 Pfosten zu transportieren. Die Rosshaarmatratze überlasse ich der Natur.

Ich binde das Dreibein zusammen und errichte das Skelett des Zelts. Im Moos und Gras setzt es sich gut. Dann bedecke ich es mit der Plane und sammle am Seeufer ein paar Steine, mit denen ich das Bett abstütze. Der Stoff riecht schwach nach Rauch; ich atme ihn durch die Nase ein und sauge ihn in die Lungen. Ich höre das Eis auf dem See knirschen und knacken. Ich hole noch mehr Steine, um die Feuerstelle zu bauen, und teste sie, um sicherzugehen, dass der Rauch dahin zieht, wohin er ziehen soll. Das wird funktionieren.

Mit der Abenddämmerung kommt die Kälte, und ich muss Feuerholz sammeln. Zum Glück sind in der Nähe viele tote, trockene Tannen. Die Tannennadeln bleiben in meiner Mütze und in meinem grünen Wollpullover hängen, als ich die Äste durch den Wald ziehe. Die Innenseiten meiner Arme brennen durch die Kratzer, die mir die heutige Schufterei einbrachte.

Aber nun, da das Feuer brennt, kann ich mich aufs Bett fallen lassen. Erinnerungen. Das ist mein Zuhause, und hier tue ich, was mir gefällt.

AM NÄCHSTEN MORGEN STEHE ICH FRÜH AUF und ziehe meine Laufkleidung an. Mit steifen Beinen laufe ich über den Nachtfrost. Jedes Mal, wenn ich auf eine Wurzel treten oder eine plötzliche Bewegung machen muss, schmerzen meine Sprunggelenke. Meine Gelenke haben ihre Elastizität verloren.

Ich mache einen langsamen Dauerlauf am Indalsälven entlang, am Ristafallet und an Åkroken vorbei und dann bergauf zum Norsjön, wo das Eis noch intakt ist. Kilometer um Kilometer allein über die weiten, offenen Flächen.

Zuhause wasche ich mich im 0° C kalten Wasser, das vom Helgesjön abfließt. Mein ganzer Körper ist eiskalt.

Im Zelt ziehe ich mir trockene Kleidung an und lasse meine Haare vorm Feuer trocknen. Auch das habe ich vermisst.

EINES TAGES HOLT BERTIL MICH in seinem silbernen Mercedes ab. Wir fahren nach Strömsund ganz im Norden von Jämtland, wo ich an einem Zehn-Kilometer-Straßenlauf teilnehmen werde.

Meine Beine fühlen sich unglaublich steif an. Ich halte mich beim Essen noch immer sehr zurück, auch wenn mir bewusst ist, dass das nicht so weitergehen kann. Meine Hände sind immer kalt und meine Lippen sind lila.

Bertil ist gut gelaunt und erzählt mir, er sei im Winter viel Ski gelaufen, jeden Tag ein kurzes Stück auf den Loipen von Duved. Obwohl er schon seit ein paar Jahren Rentner ist, sind seine Haare noch immer dunkel. Bertil ist in Härjedalen geboren und interessiert sich mehr für Sport als fürs Jagen. Als er jung war, spielte er mit Tord Grip, dem früheren Trainer und Manager, Fußball.

Bertil erkundigt sich, ob mein Feuerholzvorrat groß genug sei und wie es meiner Mutter gehe. Ich erzähle ihm von Tansania, und er möchte mehr über unser Training erfahren – Distanzen, Zeiten, Tempos. Nach drei Stunden erreichen wir das kalte und windige Strömsund. Der Frühling hat ein paar Schritte zurück gemacht.

Der Lauf besteht aus zwei Fünf-Kilometer-Runden, und 50 Minuten vor dem Start beginne ich mit dem Aufwärmen. Ich jogge die Runde einmal und spüre, wie die Steifheit schwindet. Ich mache ein paar Antritte, bevor ich meine Laufschuhe, meine Leggings und mein Oberteil anziehe. Das Rennen beginnt, und ich laufe los.

Ich bin allein in Führung. Ich atme kaum. Den ersten Kilometer laufe ich in 2 Minuten und 50 Sekunden. Nach zwei Kilometern nehme ich Tempo raus und laufe die letzten acht Kilometer entspannt. Meine Siegerzeit beträgt 31 Minuten, ich bin mehrere Minuten schneller als der Zweitplatzierte. Alles kommt mir sinnlos vor. Warum nehme ich an Wettkämpfen teil? Warum fahre ich insgesamt 500 Kilometer, um zehn Kilometer auf Asphalt zu laufen?

Ich laufe eine Runde aus, dusche und ziehe trockene Kleidung an. Dann setze ich mich ins Auto und esse eine Birne. Bertil macht die Heizung an, und wir machen uns auf den Heimweg.

„Brauchst du noch etwas anderes zu essen?", fragt er.

„Ist schon in Ordnung", sage ich. „Ich esse, wenn ich zu Hause bin."

„Du läufst gut, Markus. Du bist leicht und schnell, du fliegst."

Dann schweigt er. Ich habe den Eindruck, dass er noch etwas anderes sagen möchte, dass er den Kampf bemerkt hat, den ich in mir ausfechte. Aber er sagt nichts. Ich denke, er versteht, dass es nichts bringen würde. Ich bin in meiner Blase und muss selbst ein Loch hineinstechen.

Am Hållandsgården steige ich aus und gehe los. Meine Beine tun weh. Es fühlt sich an, als hätte ich Schotter in den Knien.

DANN KOMMT DER FRÜHLING WIRKLICH. Alles wächst, und die Vögel schweigen nur ein paar Stunden lang, wenn die Nacht am dunkelsten ist. Ich schlafe noch immer seltsam und wache jeden Morgen müde und mit geschwollenem Gesicht auf. Irgendetwas geht tief in mir vor, und ich kann es nicht ganz fassen. Es schwirrt ständig umher und sorgt dafür, dass ich nachts keinen Frieden habe.

Ich sammle die neuen Blätter der Birken, bis ich den bitteren Geschmack satt habe. Meine Zunge wird grün und sieht aus wie die Zunge einer Kuh. Dann schlage ich einen Birkenast ab und befestige eine Flasche daran, um den Saft aufzufangen, weil er viele Vitamine und Mineralstoffe enthalten soll. Ein paar Stunden später ist die Flasche voll. Der Saft ist süß wie eine sehr stark verdünnte Limonade ohne Kohlensäure, und ich trinke ihn mit großen Schlucken.

Ich kann nicht mehr länger wie ein hohläugiges Strichmännchen herumlaufen. Ich möchte meinen Körper bewohnen und den Wald sehen und mich selbst kennen. Ich möchte frei sein. Ich möchte keine Energie dafür verschwenden, darüber nachzudenken, was ich nicht esse. Diese Tür werde ich nie wieder öffnen.

Ich fange wieder an zu essen. Mein Hirn leistet viel Widerstand, aber ich sage meinem Kopf, er solle mich in Ruhe lassen. Ich zwinge mich, den Kurs zu ändern. Ich zwinge mich, Haferbrei, Obst und Nüsse zu essen, und empfinde dabei eine Mischung aus Unruhe und Vergnügen. Mit jedem Bissen, den ich herunterschlucke, wird das Essen leichter. Es ist, als würde ich ein Fass ohne Boden füllen.

ICH SCHNITZE EIN BISSCHEN. Ich sitze direkt neben dem Eingang auf dem Hackklotz im Zelt, mein Bauch ist voll mit Frühstückshaferbrei. Die Sonne scheint und wärmt mein Gesicht. Das Feuer geht gleich aus.

Ich entferne die dünne, weiche Rinde von einem frischen Birkenzweig, bis ich das weiße Fleisch erreiche. Es riecht gut und fühlt sich weich an. Ich entrinde den gesamten Zweig.

Dann höre ich ein seltsames Geräusch hinter mir, wie Schmirgelpapier, das über Baumwolle gezogen wird. Ich blicke über meine Schulter und sehe, wie die Zeltplane von einer dicken Zunge nach unten gedrückt wird. Ich höre auf zu schnitzen, und sitze ganz reglos da wie eine tote Tanne.

Der Elch kommt nah an die Öffnung. Ich spüre ihn, aber ich wage es nicht, mich umzudrehen. Meine Augen sind weit geöffnet. Ich kann nicht blinzeln. Ich atme langsam.

Schließlich kommt er zur Öffnung. Er muss den Kopf drehen, weil sein Geweih im Weg ist. Ich bin 30 Zentimeter von seiner Nase entfernt. Ich sehe das feuchte braune Maul mit den kleinen Warzen. Ich spüre seinen warmen Atem. Der Elch sieht mich nicht.

Schließlich hebe ich ganz langsam den Arm und sage: „Hi.“

Keine Reaktion.

„Wie geht's?“, frage ich. „Du kommst mir ein bisschen zu nah.“

Dann springt der Elche nach hinten, etwa drei Meter. Er hält inne und sieht mich einen Moment lang an, bevor er sich umdreht und davonstiebt. Als er im Wald verschwindet, erinnern mich seine Beine an die der afrikanischen Läufer – direkt über dem Fuß schmal und leicht. Explosiv, aber in der Lage, eine Ausdauerleistung zu erbringen.

Jetzt bin ich zurück. Der Wald hat mich hereingelassen.

MEIN GELD WIRD LANGSAM KNAPP. Ich habe nur noch ein paar hundert Kronen auf dem Konto. In Järpen gibt es ein Altenheim. Eines Tages spüre ich die Leiterin auf dem Heimweg vom Laden auf. Sie sagt, es gäbe dort immer Arbeit.

Etwa eine Woche später stehe ich um 5.45 Uhr auf und laufe die elf Kilometer an der E 14 entlang nach Järpen. Ich erledige dieselben Aufgaben wie bei Mama: pflegen, säubern, trockene Füße eincremen, Medikamente verteilen und mit Menschen über die Vergangenheit reden. Das Schöne an der Arbeit ist, Geschichten aus lange vergangenen Zeiten zu hören, wenn die alten Leute sich an Elchjagden, Begegnungen mit Bären oder die Ernte im Herbst erinnern und daran, wie sie im spätsommerlichen Sonnenschein mit verschwitztem Rücken im Heu arbeiteten.

Mittags gehe ich zum Laden und kaufe Blutwurst, die ich in der Küche des Heims brate. Ich fülle meinen Magen mit Blut und Mehl und trinke Leitungswasser.

Ich komme allein klar; es würde mir nie in den Sinn kommen, von Sozialleistungen zu leben. Aber es fällt mir schwer, durch die Flure zu gehen, wenn draußen die Sonne scheint. Ich verstehe nicht, wie Menschen jeden Tag arbeiten können. Mein Körper wird dann schwer wie bei einer physischen Depression. Es ist dasselbe Gefühl, das ich hatte, als Mama mich bat, die Vorhänge zuzuziehen.

Ich kann 100 Kilometer laufen, ohne zu essen, aber schon am ersten Arbeitstag erfasst mich Panik. Ich verstehe nicht, warum das passiert. Ich fühle mich verwöhnt, weil ich so schwach bin und nicht schaffe, was die meisten Menschen problemlos tun können.

Die alten Menschen verdienen jemand Besseren als mich.

Nach der Arbeit laufe ich auf dem Heimweg am Norsjön vorbei. Ich komme an ein paar wunderbaren alten Tannen vorbei und kann den Åreskutan in der Ferne sehen. Beim Laufen werde ich die Schwere in meinen Beinen los, und ich bade und wasche mich im Helgesjön.

Ich halte fünf Tage im Altenheim durch. Dann habe ich genug Geld für drei Monate.

ICH SCHLAFE WIEDER RICHTIG – tiefer und traumloser Schlaf. Ich gehe früh ins Bett, auch wenn die Sonne noch hoch am Himmel steht, und wache am nächsten Tag entspannt und ausgeruht auf. Mein Körper holt all den verlorenen Schlaf nach.

Mit jedem Tag, an dem ich esse, werden meine Gedanken schneller und weniger schwer. Die Zeit vergeht schneller. Und meine Muskeln werden kräftiger. Nun, da mein Körper wächst, kann mein Herz nicht mithalten, und das Laufen wird anstrengender. Ich muss mehr Gewicht herumschleppen, aber es interessiert mich nicht.

Ich diskutiere mit mir, als bestünde ich aus zwei verschiedenen Personen. Ich stelle Fragen und versuche, Antworten zu bekommen. *Warum unternehme ich solche Anstrengungen? Warum wird mein Körper ruhig, wenn ich mich anstrenge, wenn ich richtig friere oder ein bisschen Hunger habe?*

Fragen ohne Antworten, aber sie betreffen niemanden außer mich.

Im Sommer fange ich an, *Apophthegmata Patrum* zu lesen. Vor ein paar Jahren schenkte es mir ein Schulfreund, und ich hängte es in einer Tasche an die Wäscheleine im Zelt. Jetzt habe ich Lust, es mir anzusehen.

Das Buch handelt von den ersten christlichen Mönchen, die ein paar Jahre nach Jesu Tod in die Wüste Ägyptens zogen. Sie lebten wie Eremiten von Wasser und Brot und wohnten in Höhlen und Löchern im Boden, ohne jemand anderen zu treffen. Sie betrachteten das Leben mit anderen Augen, fern von Erfolgen und Status. Sie schrieben über einen Gott, an den ich glauben kann, einen Gott, der gerecht ist und nicht verurteilt. Der versteht, dass es nicht leicht ist, ein Mensch zu sein.

Ich lese die 2.000 Jahre alten Worte und erkenne mich in den Gedanken und Worten der Mönche wieder. Sie schreiben über Zweifel, darüber, jeweils nur in einer Welt zu leben. Nichts Hochtrabendes, sondern einfache Worte von einfachen Menschen. Antonius, einer der ersten dieser Mönche, schreibt: „Es wird eine Zeit kommen, in der die Menschen verrückt sind, und wenn sie jemandem begegnen, der nicht verrückt ist, werden sie sich zu ihm wenden und sagen: ‚Du bist verrückt‘, weil er nicht ist wie sie."

Den ganzen Sommer lang lese ich zwei Seiten pro Tag. Die Mönche leben wie ich, nur unter noch härteren Bedingungen: weniger Essen, Wasser und Schlaf und schwerere Arbeit.

Ich lese, esse und laufe. Das Laufen hilft mir, die Worte in meine Brust zu bekommen. Ich laufe über die Sümpfe und Hügel. „Gott ist nicht in der Kraft, sondern in der Wahrheit." Ich glaube, genau das beschäftigt mich – ich suche die Wahrheit über mich, indem ich schweige.

Vielleicht sollte ich Mönch werden? Weit hinaus in die Wildnis von Alaska ziehen, mein Leben riskieren, um zu sehen, wo ich ende. Ich stehe an einem Scheideweg, das spüre ich deutlich. Wenn ich weiterhin dem Weg folge, den ich gewählt habe, werde ich nie wieder ins normale Leben zurückkehren können.

ICH STEHE FRÜH AUF UND LAUFE RICHTUNG Vålådalen. Der Morgen ist kalt und klar. Im Laden in Undersåker kaufe ich zwei Snickers und laufe dann weiter auf der Asphaltstraße in Richtung der Berge. Die Gipfel am Horizont sind weich und weiß gefroren. Ich möchte sie alle hochlaufen.

Ich laufe in Leggings und einem dünnen Oberteil, trage eine Wollmütze und habe mir einen Anorak um die Hüfte gebunden. Es ist früher Herbst, und die Farben zeigen sich langsam. Rote Blätter, wo der Frost war, sonst meist gelb.

Ich laufe an der Straße nach Ottsjö vorbei und weiter nach Fångemon und Vallbo. Tannen und kleine Moorbirken säumen die Straße. Die Sonne wärmt langsam meinen Nacken. Ich trinke Wasser aus dem Vålån und laufe tiefer ins Tal hinein.

Hier lebte und trainierte Gunder Hägg. In den 1940er-Jahren, als er seine Bestform erreichte, war er der beste Läufer der Welt. Ich laufe an dem Sumpf vorbei, der nach ihm benannt ist, und komme zur Berghütte. Ich bin 35 Kilometer in lockerem Tempo gelaufen und fühle mich noch immer gut. Die Knie sind vielleicht ein bisschen steif – die Schuhsohlen haben unter den vielen zurückgelegten Kilometern gelitten.

Ich gehe in das rote Gebäude, trinke noch ein bisschen mehr Wasser und esse beide Snickers. Die Energie geht direkt in mein Blut. Dann setze ich mich draußen auf eine Holzbank und lasse mir die Sonne ins Gesicht scheinen.

Ein Stückchen weiter befinden sich ein Sportplatz und eine Turnhalle. In den Jahrzehnten nach Gunders ruhmvollen Tagen, bis in die 1990er-Jahre hinein, trainierten hier einige der besten Sportler der Welt – Skifahrer, Eisschnellläufer und Läufer. Hier im sanften, welligen Terrain bauten sie ihre Grundlagenfitness auf. Im Winter liefen sie auf dem Nultjärn Schlittschuh oder fuhren auf Skiern den Ottfjället hinauf; im Sommer liefen sie über die Sümpfe und Berghänge. Für die ausländischen Sportler muss es exotisch gewesen sein, in der Sommersonne zu trainieren, die nie untergeht, ringsherum die Berge und die klare Luft.

Ich dehne die Oberschenkel und mache mich auf den Rückweg. Die Energie reicht 20 Kilometer, dann wird es hart. Ich sehne mich nach Essen, meine Gedanken schrumpfen – ich kann die Berge nicht mehr sehen, nur noch die Asphaltstraße vor meinen Füßen. Ich möchte mich ins Gras legen und ausruhen, aber ich laufe weiter. Ich werde zittrig und langsam, meine Muskeln sind erschöpft; es fühlt sich an, als würde ich nur mit meinem Skelett laufen. Aber mein Herz empfindet keine Anstrengung.

Die Erinnerungen an hungrige Läufe in Tansania werden wieder lebendig, aber jetzt bin ich allein und muss mir über niemand anderen Gedanken machen. Ich bin dafür verantwortlich, mich nach Hause zu bringen. Ich lasse die acht Kilometer von Trillevallen nach Undersåker rollen. Im Laden kaufe ich einen Apfelsaft und zwei Bananen. Es ist es wert, ein bisschen Hunger zu haben, um eine Banane und Apfelsaft richtig zu genießen.

Ich laufe die letzten sieben Kilometer nach Hause, über den Romohöjden und den Sumpf oberhalb des Slagsån. Ich komme zum Helgesjön hinunter und sehne mich nach einer großen Portion Haferbrei mit einer dicken Schicht Honig obendrauf. Nachdem ich mich gewaschen habe, wärme ich mich am Feuer auf und stopfe mich mit dem Essen voll.

Dann lege ich mich aufs Bett, kümmere mich ums Feuer und trinke warmen Tee, bis mein Urin nicht mehr dunkelorange, sondern hellgelb ist.

DER ERSTE SCHNEE FÄLLT und bildet eine Haut auf dem Zelt. Ich schlage gegen die Plane, damit der Schnee heruntergleitet und auf dem Boden eine isolierende Wand bildet. Jetzt kann kein kalter Wind mehr mein Bett erreichen. Mein Zuhause wird trockener und wärmer sein. Der Wald wird heller sein. Das Leben wird leichter sein.

Als ich eines Morgens nach draußen gehe, sehe ich große runde Luchsspuren um das Zelt herum. Es ist ein gewaltiges Gefühl, zu wissen, dass ich so nah an ihm lag und schlief. Die große Katze mit den spitzen Ohren muss gespürt haben, dass ich hinter der Plane im Zelt war, und sie muss meinen Atem gehört haben. Ich stelle mir vor, dass sie einen Augenblick lang stehen blieb und lauschte, bevor sie sich geräuschlos davonmachte.

EIN ALTER SCHULFREUND, Stig-Mikael, kehrt eines Tages nach Hålland zurück. Früher sprachen wir immer darüber, einmal einen langen Skitrip zusammen zu machen. Jetzt beschließen wir, dass es Spaß machen würde, an der gesamten schwedischen Bergkette entlangzulaufen, 1.300 Kilometer von Grövelsjön im Süden zum Treriksröset im Norden.

Wir sprechen darüber, wie lange es dauern würde und welche Ausrüstung wir benötigen würden. Bevor er wieder nach Norwegen fährt, ist alles geregelt. Wir werden es tun.

Jetzt brauche ich wirklich Geld, und das Altenheim braucht wirklich Hilfe. Ich muss sechs Wochen lang arbeiten. Morgens werde ich auf Skiern dorthin laufen, tun, was getan werden muss, und anschließend wieder nach Hause laufen. Nach vier Wochen will ich nur noch weinen, aber ich habe dieses Ziel, daher muss ich in den sauren Apfel beißen.

Anfang Februar ist Stig-Mikael wieder da. Wir kaufen die ganze Ausrüstung und backen in der Küche von unserem Freund Jocke Energieriegel. Wir mischen viele Haferflocken, Eier, Schokolade und Butter, backen die Mischung im Ofen und schneiden sie in Stücke, die wir in Plastiktüten packen. Wir teilen sie auf vier große Pakete auf und schicken sie mit dem Bus zu Orten entlang der Bergkette, wo es Menschen gibt, die sich bereit erklären, unser Essen aufzubewahren: zur Pension in Storlien, zur Touristeninformation in Gäddede, zur Jugendherberge in Tärnaby und zur Berghütte in Abisko.

Am 14. Februar sind die Vorbereitungen abgeschlossen, und wir nehmen den Bus Richtung Süden.

EINE NACHT SCHLAFEN WIR in der Berghütte von Grövelsjön, früh am nächsten Morgen laufen wir los. Wir laufen die Route Richtung Norden und folgen einfach den roten Kreuzen, die den Weg kennzeichnen. Ein fantastisches Gefühl, loszulaufen und einfach über den Schnee zu gleiten. Alles, was ich brauche, befindet sich auf dem Schlitten hinter mir: zwei Isomatten, der Winterschlafsack, ein winddichter Schlafsack; Kopflampe, Skifelle und Wachs; eine Plastikflasche, zwei Ein-Liter-Thermosflaschen, Besteck; Ersatzsocken, ein dicker Wollpullover, Campingsocken, Wollfäustlinge und dünne Fäustlinge zum Unterziehen. Am Oberkörper trage ich ein Wollnetzhemd und einen Baumwollanorak; an den Beinen eine Baumwollhose und

Schneegamaschen. Nicht gerade viele Klamotten – die Bewegung wird uns warm halten.

Ich habe das Zelt auf meinem Schlitten, Mikael hat den Campingkocher auf seinem. Den Brennstoff und die Nahrungsmittel haben wir aufgeteilt, sodass jeder von uns gleich viel zieht.

Alles ist simpel: Ski laufen, essen und schlafen. Tag für Tag dieselbe Routine.

Morgens wechseln wir uns damit ab, wer als Erster aufsteht, während der andere ausschlafen kann. Das Wichtige ist, genug Schnee zu schmelzen – wir benötigen mindestens sieben Liter, um den Haferbrei zum Frühstück zuzubereiten und die Wasserflaschen und Thermosflaschen für den Tag zu füllen. Nach etwa einer Stunde ist die morgendliche Aufgabe erledigt, und wir frühstücken zusammen. Dann bauen wir das Zelt ab und laufen weiter, 25 bis 30 Kilometer pro Tag.

Wir machen zwei Essenspausen pro Tag, die erste gegen 11 Uhr und die zweite gegen 14 Uhr. Dann essen wir Energieriegel und trinken warme Suppe. Gegen Abend suchen wir uns einen geschützten Platz unterhalb der Baumgrenze, wo wir das Zelt aufbauen und es mit Schnee bedecken. Wir stellen den Campingkocher zwischen uns ins warme Zelt und bereiten zusammen das Abendessen zu. Abends essen wir Proteine: gefriergetrocknete Gerichte, konservierten Thunfisch. Dann zeichnen wir auf der Karte ein, wie weit wir an dem Tag gelaufen sind, und unterhalten uns, bis wir einschlafen.

Ich lese Kerstin Ekmans *Geschehnisse am Wasser*, ein unheimliches Buch über einen Mord in einem Zelt, der in Valsjöbyn begangen wird, nicht weit von hier. Das ganze Buch ist mit Unbehagen behaftet.

Nach ein paar Tagen kommen wir an Vemdalen vorbei, laufen dann weiter in Richtung Norden zum Sylanmassiv und hoch in Richtung meiner Heimat. Wir lassen Storlien hinter uns und machen uns auf den Weg nach Valsjöbyn. Die trockene Kälte verwandelt sich in wärmeres Wetter und Regen. Voranzukommen wird schwer, unter den Skiern fühlt der Schnee sich wie Brei an.

Als wir in Valsjöbyn ankommen, sind wir nass bis auf die Knochen und alles fühlt sich elendig an. Wir gehen in den Laden und kaufen Süßigkeiten. Sobald wir drinnen sind, wo die Luft steht, merke ich, dass ich nach Schweiß rieche. Wir fragen das Mädchen, ob eine Jugendherberge geöffnet habe, weil wir unsere Sachen trocknen müssen und ich unbedingt warm baden möchte, aber sie sagt uns, alles sei geschlossen. Dann bietet eine Frau, die neben uns steht, uns an, dass wir eine Nacht bei ihr schlafen können. Sie heißt Lena und wohnt über dem Geschäft. Wunderbar!

Wir nehmen all unsere nassen Klamotten und gehen hoch in Lenas Wohnung. Sie ist um die 50 und erzählt uns, sie sei Friseurin. Irgendetwas stimmt nicht mit ihr, aber ich kann nicht genau sagen, was. Sie hat eine Schraube locker. Aber sie kocht uns Norwegens Nationalgericht – einen Eintopf aus Lamm und Kohl. Es ist schön, am Tisch zu essen und nicht im Schlafsack.

Als Stig-Mikael und ich hoch auf den Dachboden und ins Bett gehen möchten, fragt sie ihn, ob er nicht bei ihr bleiben und es sich mit ihr „gemütlich machen" wolle. Dieses Angebot lehnt er dankend ab.

Als wir nach oben gehen, läuft mir ein Schauer den Rücken hinunter. Stig-Mikael fühlt sich genauso unwohl. Bevor er in den Schlafsack kriecht, stellt er eine schwere Vase neben sich, die er als Waffe benutzen kann, falls Lena in der Nacht auftaucht. Ich muss die ganze Zeit

an *Geschehnisse am Wasser* denken. Die ganze Nacht bin ich angespannt und rechne damit, dass Lena mit einem langen Messer herein-
springt und meinen Bauch aufschlitzt. Wir tun beide kein Auge zu.

Am nächsten Morgen stehen wir früh auf, packen unsere Sachen und
schleichen uns nach unten. Lena ist nirgendwo zu sehen. Auf Zehenspitzen gehen wir nach draußen, schnallen unsere Skier an und hauen
so schnell ab, wie wir können.

Wir laufen weiter. Jämtland wird zu Västerbotten, wir erreichen Vin-
delfjällen in Südlappland und laufen weiter zum Padjelanta. Wir laufen über Hügel mit endloser Aussicht in alle Richtungen, wir sehen
Vielfraßspuren und Elche, die in einer Reihe über den Berg laufen.
Das Wetter ist mild und sehr windig.

Als wir am Padjelanta ankommen, ist der Wind, der über den Berg
weht, so stark, dass wir nicht weiterlaufen können. Wir finden eine
Hütte, die uns Schutz bietet, und stellen das Zelt dahinter auf. Dort
schließt uns der Wind einige Tage lang ein. Wir können kaum einen
Fuß vors Zelt setzen. Uns bleibt nichts anderes übrig, als im Zelt aus-
zuharren und uns zu unterhalten.

Als der Wind sich legt, ziehen wir weiter. Nach drei Tagen Pause sind
unsere Rücken steif. Die ganze weite Landschaft ist mit frischem
Schnee bedeckt, und die Schlitten verhalten sich wie schwere Pflüge.

Am Abend nimmt der Wind wieder zu, und wir machen eine der un-
bemannten Hütten der Provinz ausfindig. Mitten in der Nacht werden wir von zwei Samen geweckt, die einen dritten Mann tragen, der
so betrunken ist, dass er nicht sprechen kann, und sehr schlecht aussieht. Sie haben sich in Gällivare betrunken und fahren jetzt mit dem
Schneemobil über die Berge nach Hause.

„Per-Åke", rufen sie ihrem halb bewusstlosen Freund zu. „Du bleibst am besten ein bisschen hier."

Und zu uns sagen sie: „Wir haben Jon auf dem Berg verloren. Ist irgendwo runtergefallen. Wir müssen noch mal umdrehen und ihn suchen."

Dann verschwinden sie. Per-Åke brabbelt vor sich hin, daher können wir nicht wirklich schlafen. Immer wieder gibt er unverständliche Ergüsse von sich. Als wir am Morgen die Hütte verlassen, schläft er tief und fest. Sein Schneemobil steht draußen in einer Schneewehe. Von Jon und den anderen ist keine Spur zu sehen. Der Wind hat sich wieder gelegt, und wir machen uns auf den Weg.

Wir laufen von Westen in den Sarek-Nationalpark hinein und durch das Tal zwischen den Bergen, die mich an das Sylanmassiv erinnern, obwohl sie ein bisschen steiler und spitzer sind. Wir setzen den Weg zwischen den Hügeln fort und können in der Ferne den Kebnekaise sehen.

Die Tage werden länger. Bald ist es April. Wir sind seit 45 Tagen unterwegs und nicht mehr weit von unserem Ziel entfernt. Nach dem Torneträsk verschwinden die Berge hinter uns und es wird flacher. Wir kommen leicht voran, mühelos. Wir legen längere Distanzen pro Tag zurück und machen Kaffeepausen, wenn die warme Frühlingssonne langsam unsere Nasen verbrennt.

Schließlich erreichen wir den Zementkörper, der den Punkt markiert, wo Schweden, Norwegen und Finnland aufeinandertreffen. Endlich sind wir angekommen. Wir machen Fotos voneinander, wie wir neben dem gelben Block stehen, und feiern mit jeweils einem Energieriegel. Dann laufen wir weiter. Zeit, wieder nach Hause zu fahren.

In Finnland steigen wir in einen Bus, der uns zurück nach Schweden bringt. Plötzlich legen wir in ein paar Stunden 500 Kilometer zurück, und die Geschwindigkeit kommt uns beinahe unwirklich vor, als flögen wir.

Die Perspektiven verändern sich, wenn man 60 Tage lang wandert.

DER BODEN IST KAHL, als ich am 17. April zu meinem Zelt zurückkehre, aber sonst ist alles so, wie ich es zurückließ. Ich hänge meine Ausrüstung auf, stelle meinen Schlitten weg, breite meine Rentierfelle aus und lege mich aufs Bett. Ich sehe das Sonnenlicht durch winzige Löcher in der Zeltplane scheinen. Ich sollte mir eine neue besorgen. Sie ist sehr abgenutzt.

Ich habe weite Teile von Schweden gesehen und war mit einem guten Freund unterwegs. Wir haben nun Erinnerungen fürs Leben, und dennoch habe ich das Gefühl, dass lange Reisen nicht mein Ding sind. Ich möchte an einem Ort bleiben und von dort aus losziehen. Ich möchte mit leichten Laufschuhen an den Füßen laufen statt mit steifen Stiefeln, ich möchte die Stöße im ganzen Körper spüren.

Die Laufschuhe hängen an der Leine. Ich hole sie herunter. Endlich wieder richtig laufen, das erste Mal nach zwei Monaten.

Ich laufe los, ohne zu wissen, wie weit oder wohin ich laufen werde.

IM SPÄTEN FRÜHLING laufe ich zur Schule, um mich im Fernsehen zu sehen. Peters Dokumentation über mich wird auf *SVT* ausgestrahlt. Sie heißt *Löparen*, der Läufer, und der Soundtrack stammt von der Indie-Band bob hund.

Ich sehe mich selbst im Slagsån zittern und Intervalle durch die Kaffeefelder in Tansania laufen. Jedes Bild beschwört Erinnerungen herauf, die ich im Körper spüren kann: wie die Luft nach einem Herbstregen riecht oder wie der Schnee knirscht, wenn es richtig kalt ist.

Ich betrachte mein Leben durch Peters Augen und sehe, was er für wichtig hält. Ich höre mich selbst über Dinge diskutieren, die mir noch immer im Kopf herumschwirren. *Was ist wichtig? Welchen Weg sollte ich gehen?*

Der Film endet damit, dass ich sage: „Wenn ich mich immer größeren Herausforderungen stellen muss, um dieselben Emotionen zu erzeugen, dann muss ich etwas falsch machen."

Dieser Teil des Films gefällt mir am besten.

IM SOMMER REISE ICH nach Süden, nach Öckerö, um dort ein paar Wochen lang zu arbeiten. Ich brauche Geld, und ich muss schwimmen, um nach dem Winter wieder geschmeidiger zu werden und meine Füße und Finger zu trainieren.

Ich arbeite als Pfleger für Mama, und wenn sie zu müde ist, bringe ich sie aufs Sofa und fahre mit dem Rad zur Hummerviken, wo ich über die Felsen laufen und ins Wasser springen kann. Das Wasser ist warm, und alles fühlt sich mühelos an. Ich schwimme unter Wasser, sehe mir den braunen Seetang an und die winzigen Fische, die sich dort unten verstecken. Nach dem Schwimmen komme ich mit Salz in den Haaren zurück und nehme meine Aufgaben in Angriff: Wäschewaschen, Spülen, Staubsaugen und Einkaufen. Alles, was Mamas Alltag ermöglicht.

Ich finde es unglaublich langweilig, aber ich tue es, weil ich es muss. Ich spüre einen Widerstand in meinem Körper, wie eine unangenehme Erinnerung, die mich nicht loslassen will.

Ich ärgere mich über mich selbst, weil ich so verwöhnt bin. Ich habe Unrecht, dessen bin ich mir bewusst.

EINES MORGENS TRAGE ICH MAMA auf den höchsten Felsen von Öckerö. Ich bahne mir einen Weg über die Steine und Heide und trage ihren schlappen Körper auf meinem Rücken. Als wir die Spitze erreichen, begrüßt uns ein warmer Wind aus westlicher Richtung, der direkt in unsere Gesichter weht. Ich setze Mama auf einen großen, flachen Stein und lege meinen Arm um ihre Taille, damit sie nicht umkippt.

Wir betrachten das Meer, Hyppeln, Rörö und Knippla im Norden und Hönö und Fotö im Süden. Hier bin ich aufgewachsen, alles ist vertraut: die Boote, die Meeresvögel und die warme, sanfte Luft, die nach Salz riecht.

Ich möchte hier sein, gleichzeitig möchte ich es aber auch nicht wirklich.

Mir kommt eine Idee.

„Mama, möchtest du mit mir nach Jämtland kommen?"

Sie findet den Vorschlag fantastisch. Papa ist ein bisschen unsicher, und Oma wendet ein: „Aber was wollt ihr denn da machen?"

Opa denkt, wir sollten fahren.

MAMA schläft in ihrem speziellen schwarzen Sitz neben mir, ihr Kopf hängt zu einer Seite. Mein Freund Johan sitzt auf der Rückbank. Er ist auch neugierig, wie ich da oben lebe.

In Mamas rotem Renault Kangoo fahren wir nach Jämtland. Immer wenn ich bremse, muss ich Mama mit dem rechten Arm fangen, damit sie nicht mit dem Gesicht gegen die Windschutzscheibe knallt. Sie hat keine Kontrolle mehr über ihren Körper und wiegt so wenig, dass der Anschnallgurt nur aktiviert wird, wenn ich eine Vollbremsung mache.

In Sveg machen wir auf einem Parkplatz vor einem Lebensmittelgeschäft eine Pause. Ich hole Kaffee und Kekse aus Mürbeteig, die ich zum Auto bringe. Mama bleibt im Auto sitzen und trinkt durch einen Strohhalm. Sie verschluckt sich und kann nicht mehr atmen. Ich muss sie nach vorn beugen und ihr auf den Rücken klopfen. Draußen raucht Johan seine filterlosen Selbstgedrehten. Als er vor langer Zeit mit dem Rauchen anfing, sagte er, er mache es nur, um allen zu zeigen, wie einfach das Aufhören sei.

„Wie läuft's mit dem Rauchen?", frage ich. „Wolltest du nicht aufhören?"

Er zeigt mir den Mittelfinger.

„Rauchen ist unglaublich dämlich", sage ich. „Was meinst du, Mama?"

„Definitiv", sagt sie.

Nachdem wir den ganzen Tag gefahren sind, erreichen wir Undersåker und checken ins Hotel *Fjällsätra* ein. Da sie den ganzen Tag gesessen hat, sieht Mama ganz krumm aus. Johan und ich tragen sie zusammen hinein.

An den großen Fenstern mit einem Ausblick über den Indalsälven essen wir zu Abend. Mama ist zu müde, um sich zu unterhalten, und ich muss den Rollstuhl nach hinten lehnen, damit sie nicht mit dem

Gesicht in ihr Essen fällt. Danach gehen wir auf die Toilette. Sie ist nicht auf Rollstuhlfahrer ausgerichtet. Johan muss Mama festhalten, während ich ihre Windel wechsle.

„Mama, weißt du noch, als Papa beim Wasserskifahren hingefallen ist und das Wasser von seinem Hintern hochspritzte? Er sah so lustig aus, was für ein Gesicht!"

Mamas Gesicht verzieht sich, dann laufen die Tränen. Ich weiß nicht, ob sie lacht oder weint.

In unserem Zimmer lege ich sie auf den Bauch ins Bett, und sie schläft sofort ein. Ich ziehe meinen Jogginganzug an und schnüre die Laufschuhe. Auf der anderen Seite der Brücke über den Indalsälven beschleunige ich allmählich, bis ich mit voller Geschwindigkeit auf der Straße laufe, die nach Edsåsdalen führt. Ich folge der Straße bis zum Ende und kehre dann um.

Gedanken schwirren in meinem Kopf herum. Wie viel Zeit bleibt Mama wohl noch? Sie ist natürlich zäh. Sie ist 46 und sitzt seit 16 Jahren im Rollstuhl. Ihre Muskeln sind verschwunden, nur weiche Haut ist übrig geblieben, aber sie hat kein einziges graues Haar auf dem Kopf.

Als ich wieder am Hotel ankomme, bin ich 20 Kilometer in 70 Minuten gelaufen. Ich dusche mich und krieche neben Mama ins Bett.

WIR PARKEN AM HELGESJÖN. Ich hocke mich neben das Auto, und Johan hilft mir, Mama auf meinen Rücken zu heben. Da Mama keine Kontrolle hat, muss ich vornübergebeugt gehen, damit ihr Kopf nicht nach hinten fällt. Es ist, als trüge ich ein neugeborenes Baby.

Wir gehen den Weg entlang, den ich schon hunderte Male gegangen bin. Der Helgesjön ist wie ein Spiegel, auf der anderen Seite erhebt sich der Åreskutan. Wir kommen in den Wald und bücken uns unter Ästen hindurch. Die Sonne scheint zwischen den Bäumen, keine Mücken. Ein Kilometer liegt noch vor uns.

Am Zelt angekommen, öffne ich die Klappe und trage Mama hinein. Johan hilft mir, sie aufs Bett zu legen. Sie ist müde und muss sich ausruhen. Es riecht leicht nach Rauch und Rentierfellen, und sie schläft sofort ein.

Ich zünde ein Feuer an und koche Tee. Johan erzählt mir, er wolle sich um einen Ausbildungsplatz zum Bergungstaucher bewerben.

„Aber du hast doch die schlechtesten Augen der Welt", wende ich ein. „Und du bist farbenblind."

„Ich kann die ganzen Farbtafeln auswendig, das ist kein Problem", sagt er.

„Und was ist mit deiner Brille?"

„Es stimmt nur was mit der Refraktion nicht, das kann man in Ordnung bringen."

Johan wechselt das Thema: „Warum wohnst du eigentlich hier oben? Warum ziehst du nicht einfach nach Alaska?"

Typisch für ihn. Alle sind der Meinung, dass ich zu weit gehe, aber er fordert mich heraus, noch weiter zu gehen. Wenn ich in einer Woche 250 Kilometer laufe, fragt er, warum ich nicht 500 Kilometer gelaufen sei. Und er meint das ernst. Er möchte wirklich verstehen, wie ich denke.

Deshalb fühlt es sich so befreiend an, mit ihm zusammen zu sein. Ich muss mich nie verteidigen.

Mama wacht auf. Sie spricht kaum, sieht sich nur um. Ich muss nicht erklären, warum ich hier lebe. Sie kann sehen, dass es mir gut geht und ich rundum glücklich bin. Das reicht ihr.

Wir gehen zurück zum Auto und fahren zum Hållandsgården, um dort zu Mittag zu essen. Mama möchte Kaffee und Kekse haben, aber es gibt keine Kekse mehr. Dann sagt sie sehr laut: „ICH WILL SOFORT EINEN KEKS!"

Ich habe keine Ahnung, woher diese Stimme kommt. Die anderen Leute im Restaurant starren uns an.

„Ist ja gut, Mama. Ich frage nach."

„ABER ICH WILL IHN JETZT!"

„Okay, aber beruhige dich. Schrei nicht so."

Der Keks kommt, und die Ruhe ist wiederhergestellt. Es muss an der Krankheit liegen, dass sie unverblümter ist. Wenn sie etwas sagt, hat sie keinen Filter. Wie ein Kind.

NACHDEM WIR 900 KILOMETER GEFAHREN SIND, ohne anzuhalten, geht der Auspuff kaputt, als wir Johan gerade auf Hisingen absetzen. Jetzt klingt das Auto wie ein Hot Rod, das Dröhnen bringt die Sitze zum Vibrieren. Mama sieht glücklich aus, als wir losfahren. An jeder roten Ampel gebe ich extra viel Gas, weil es so toll klingt.

Zurück auf Öckerö fahre ich an Omas und Opas Haus vorbei. Ich drehe die Fenster herunter und lasse den Motor im Leerlauf aufheulen, bis der Lärm zwischen den Häusern hallt. Oma fragt sich, was los ist und kommt auf den Balkon. Sie sagt etwas, aber durch den Motorenlärm verstehen wir kein einziges Wort. Mama lacht, bis sie keucht.

Es fühlt sich großartig an, Omas Gesicht zu sehen, als ich Mama so glücklich und voller Leben nach Hause bringe.

Im ersten Gang fahre ich weg. Oma ist noch immer auf dem Balkon und schüttelt den Kopf.

Einer der Wüstenväter sagte: „Nichts ist so gut für einen Anfänger wie Beleidigungen. Jeder, der beleidigt wird und damit zurechtkommt, ist wie ein Baum, der jeden Tag gegossen wird."

Was mich betrifft, so hat Oma eindeutig die Rolle des Beleidigers eingenommen. Es fühlt sich gut an, es ihr heimzuzahlen.

Ich verabschiede mich von Öckerö und fahre mit dem Bus nach Göteborg. Der Abend ist warm, es weht kein Wind. In den brechend vollen Straßencafés trinken die Leute Bier. Sie sehen aufgedunsen und rot aus. Warum möchten Menschen in der Stadt leben und für ein warmes Gefängnis ohne Aussicht und ohne Wind tief in die Tasche greifen? Warum sollte man wie Vieh in einem Stall eingepfercht leben?

Ich nehme den Nachtzug und komme am nächsten Tag in Järpen an.

MIT EINER EISENFEILE beseitige ich jede Kerbe an der Axtklinge. Dann bearbeite ich sie so lange mit dem Schleifgerät, bis sie scharf ist wie ein Messer. Für die Säge habe ich auch ein neues Blatt gekauft, das ich an dem Griff befestige.

Dieses Jahr werde ich mir einen Feuerholzvorrat für den Winter anlegen, der ein bisschen länger reicht. Die ersten beiden waren viel zu schnell aufgebraucht.

Ich verlasse das Zelt und gehe vom Helgesjön weg tief in den Wald hinein. Eine Weile laufe ich herum wie ein verwirrtes Huhn, bevor ich eine perfekte, trockene Tanne finde. Unten hat sie einen Durchmesser von mindestens 40 Zentimetern und ist zu dick, als dass ich sie absägen könnte. Ich fange an zu hacken, bin von der Hüfte an vornübergebeugt und spüre bei jedem Schwingen der Axt, wie meine Bauchmuskeln sich anstrengen. Es ist, als kämpfte ich mich bei Gegenwind über das Eis auf dem See.

Es dauert recht lange, den Baum zu fällen. Danach muss ich einfach weitermachen: Ich muss ihn in zwei Meter lange Stücke zerkleinern. Erst weit oben ist der Baum so dünn, dass ich ihn mit der Säge bearbeiten kann. Die Stunden vergehen. Von der ganzen Anstrengung sind meine Unterarme taub. Endlich kann ich alle Äste abhacken und beginnen, das Holz nach Hause zu schleppen. Es fühlt sich gut an, zur Abwechslung mal meine Beine zu benutzen.

Mit geradem Rücken und gebeugten Beinen bringe ich die schweren Holzblöcke zum Zelt. Die leichteren kann ich auf den Schultern tragen. Siebenmal hin und her. Als ich fertig bin, feiere ich mit geräucherter Makrele, die ich in Järpen gekauft habe. Ich liebe den fettigen, rauchigen Geschmack im Mund. Anschließend hacke ich die

Tanne in kleinere Stücke. Am nächsten Tag muss ich noch eine finden.

ICH LAUFE AUF DER SCHOTTERSTRAßE in Richtung Åre, an Helgesjövallen und am Björn vorbei. Die Straße ist hart, und der Bodenfrost setzt langsam ein. Es ist -5° C, die Luft ist klar, es liegt kein Schnee, aber der Frost sorgt dafür, dass der Tag ein bisschen heller aussieht.

Ich folge dem Weg, der über die Mine Fröå Gruva und zum Åreskutan führt. Ich gelange zu einer Schneedecke. Je höher ich steige, desto dicker wird sie. Im Bereich der Zehen haben meine Schuhe große Löcher, aber die abgenutzten Sohlen halten gerade noch so. Solange ich laufe, spielt es keine Rolle, dass es glatt ist. Je schneller ich laufe, desto einfacher ist es, das Gleichgewicht zu halten.

Als die Sonne langsam untergeht, wird es sofort kälter. Meine Hände sind eingefroren. Ich bleibe stehen und esse ein paar Nüsse, die ich in einer Papiertüte mitgenommen habe, und ich muss die Eisschicht auf einem Bach zerbrechen, um ein bisschen Wasser zum Trinken zu bekommen. Ich mache mich wieder auf den Weg nach Hause.

Ich schwinge die Arme hin und her, um meine Finger aufzuwärmen. Temperaturen unter 0° C bin ich noch nicht gewohnt. Als ich nach Hause komme, sind meine Arme durch und durch kalt und meine Finger sind so steif, dass es mir schwerfällt, die Schnürsenkel aufzuziehen. Ich hätte ein zweites Sweatshirt mitnehmen sollen.

Ich lasse das Feuer brennen, bis alles, was kalt war, aufgewärmt ist. Ich esse Knäckebrot und Braunkäse und trinke einen Liter Wasser mit Honig. Ich wärme mich von innen nach außen auf.

Es ist mein dritter Winter im Wald. Vielleicht kann mein Leben hier auch ein bisschen anders sein.

NUR EIN PAAR KILOMETER vom Zelt entfernt finde ich ein kleines rotes Häuschen. Es befindet sich auf der anderen Seite der Straße, die von Undersåker zum Helgesjön führt. Es liegt am Waldrand über einer Wiese, die zur Straße abfällt, und überblickt das Tal. Es ist ein bisschen heruntergekommen, aber schön, und vor Jahren wurde es rot angestrichen. Mir gefällt die matte, trockene Oberfläche. Ich finde heraus, wem es gehört, und frage, ob es zu verkaufen sei. Wenn ich 150.000 Kronen auftreiben kann, gehören das Häuschen und das umliegende Land mir.

Ich leihe mir das Geld von Papa und werde Hausbesitzer. Es geht alles sehr schnell.

Das Häuschen wurde Ende des 19. Jahrhunderts erbaut und steht auf sechs flachen Steinen. Man geht von Norden durch eine einfache Tür hinein, die aus unbearbeiteten Holzbrettern besteht. Die Decke ist sehr niedrig – die Menschen, die hier lebten, müssen klein gewesen sein, vermutlich weil sie hart arbeiteten und sich ungesund ernährten. Die Sonne scheint durch die Holzplanken der dicken Wände. Der Boden ist nicht isoliert. In einer Ecke befindet sich ein krummer Schornstein über einem Kamin aus grauem Schiefer, der ein Viertel der Grundfläche von 20 Quadratmetern einnimmt.

Das Häuschen hat zwei richtig verglaste Fenster, eines nach Süden, das andere nach Osten, und an der Westwand befindet sich ein eingebautes Stockbett. Es ist ein bisschen kurz, aber wenn ich mich diagonal von Ecke zu Ecke hinlege, kann ich mich ausstrecken.

Es ist eine altmodische Unterkunft an den einstigen Sommerweiden; vor langer Zeit grasten die Kühe im Sommer auf den darunterliegenden Wiesen. 50 Meter vom Häuschen entfernt befindet sich eine verfallene Scheune. Ich habe vor, sie zu Feuerholz zu machen. Weiter im Wald ist ein Brunnen mit frischem Wasser.

Unter den Dielen lebt ein Frettchen, die Wände sind voller Wühlmäuse und auf dem Speicher wohnt ein Raufußkauz, den ich Uffe taufe.

Ich packe mein ganzes Zeug zusammen und ziehe ein.

KALTER REGEN FÄLLT VOM HIMMEL. Ich bin im Haus und zünde ein Abendfeuer an, als Jocke vorbeikommt.

„Du musst zu Hause anrufen, Markus. Dein Vater will mit dir sprechen."

Es fühlt sich an, als würde ein Ballon aus Traurigkeit in meiner Brust aufgeblasen. Jetzt ist sie tot.

Ich ziehe schnell meine Laufschuhe an und renne durch die Dunkelheit zum Dorf. Dabei denke ich an Mama. Im Hållandsgården leihe ich mir ein Telefon, und Papa nimmt ab.

„Es geht nicht um Mama, aber Opa ist krank. Es ging alles so schnell. Er hat Leberkrebs und wird sehr bald sterben. Das hat man uns gerade gesagt. Wenn du dich verabschieden möchtest, musst du sofort nach Hause gekommen."

Papa hat schon ein Ticket für mich gekauft, und ich nehme noch an diesem Abend den Nachtzug.

OPA LIEGT IN SEINEM BETT, als ich das Zimmer betrete. Sein Gesicht ist gelb, aber er riecht wie immer, nach Seife und kaltem Wasser.

„Wie geht's?", frage ich.

„Na ja, was der Arzt mir gesagt hat, war nicht so schön. Aber da kann man nichts dran ändern."

Er möchte, dass wir „Blott en Dag" („Tag für Tag") singen, und wir Cousins singen das Lied mit unseren rauen Stimmen. Opa sieht mich mit seinen blauen Augen an.

„Markus, was machst du eigentlich? Warum lebst du so ganz allein da oben in der Wildnis?"

Er sieht müde aus, als er so daliegt, und das Weiße in seinen Augen ist gelb geworden.

„Du musst auf jeden Fall eine Frau finden", sagt er mit ernster Miene. „Heirate sie und lasse sie die Entscheidungen für dich fällen. Das wäre das Beste für dich."

Mehr sagt er nicht. Wir helfen ihm, aufzustehen, und er geht in die Küche, wo Oma Bohuslän-Käsekuchen gemacht hat. Wir helfen Opa, sich auf seinen Stuhl zu setzen.

Die ganze Familie ist da. Auf dem Tisch stehen zwei verschiedene Sorten Marmelade: Moltebeere und Erdbeere. Opa entscheidet sich für Moltebeere. Es ist das erste Mal, dass ich ihn irgendetwas anderes als Erdbeermarmelade auf seinen Käsekuchen streichen sehe.

Später am Abend lege ich mich auf Omas und Opas Balkon. Draußen in der Kälte schlafe ich besser. Ich liege unter dem Dachvorsprung, der Schutz vor der Kälte bietet, und sehe zu, wie die niedrigen Wolken vorüberziehen.

DIE KIRCHE IST GERAMMELT VOLL, als Opa beerdigt wird. Meine Cousins und ich tragen den Sarg. Die Gemeinde singt „Blott en Dag".

Mama sitzt in ihrem Rollstuhl neben Oma vorn im Mittelschiff.

Es ist erleichternd, dass Opa vor Mama starb.

SPÄTER IN DIESEM HERBST FAHRE ICH zur Hochzeit eines Freundes nach Göteborg. Am Tag vor der Hochzeit komme ich morgens an und gehe wie ein normaler Mensch durch die Straßen der Stadt. Ich versuche, mich anzupassen, aber ich rieche nach Rauch und gehe viel langsamer als alle anderen. Warum bewegen sie sich alle so schnell? Jeder scheint irgendwohin zu müssen.

Ich fahre mit der Straßenbahn zur Marklandsgatan und gehe mit dem Rucksack zum Änggårdsbergen. Dort ziehe ich meine Laufsachen an und verstecke den Rucksack hinter einem großen Stein im Wald. Ich laufe über Wege, die ich wiedererkenne. Ich begegne keiner Menschenseele. Ich kann das Brummen des Verkehrs von der Straße nach Särö hören und sehe den großen Kran von Eriksberg in der Ferne auf der anderen Seite des Flusses.

Ich laufe am 1.000-Meter-Anstieg vorbei, an dem ich früher Intervalltraining machte. Wenn ich ihn mit den Hügeln in Jämtland vergleiche, wirkt er ziemlich flach. Ich laufe weiter nach Toltorpsdalen in Mölndal und folge dem äußeren Weg am Sahlgrenska-

Krankenhaus vorbei in den botanischen Garten. Meine Beine fühlen sich leicht und locker an, als ich zwischen den Bäumen herlaufe, die nun im Herbst keine Blätter mehr tragen. Nach 90 Minuten komme ich wieder zum Stein. Oben auf einem Hügel zwischen zwei alten Häusern gehe ich zu einem öffentlichen Brunnen, von dem ich weiß, dass er noch immer funktioniert. Ich wasche mich mit dem kalten Wasser, ziehe mich um, putze mir die Zähne und gehe zurück zur Straßenbahnhaltestelle.

Als die Straßenbahn Nummer 1 in Richtung Stadtzentrum losrollt, springe ich auf die Kupplung hinter dem Wagen und halte mich mit beiden Händen am Wagen fest. Ich spüre den kalten Wind im Gesicht. Ich nehme die Geschwindigkeit anders wahr, wenn ich im Freien stehe. Am Gemüsemarkt springe ich hinunter und gehe in den überdachten Markt, vorbei an den Theken, die von Obst und frischem rotem Fleisch überquellen. Am griechischen Stand kaufe ich Fakes und fülle meinen Magen mit dem Linseneintopf mit Knoblauch. Das weiße Brot, das lediglich einen Teigballen in meinem Bauch bildet, lasse ich weg und kaufe stattdessen Halva von einem Araber am Ausgang, bevor ich wieder nach draußen in die graue, feuchte Luft gehe.

Ich werde bei einem alten Freund schlafen, der auf dem Hügel hinter dem Götaplatsen wohnt – zum ersten Mal seit mehr als dreieinhalb Jahren werde ich in einem Haus und auf einer Matratze schlafen. Auf dem Weg dorthin komme ich an der Stelle vorbei, wo Johan und ich uns auszogen und unsere Klamotten versteckten, bevor wir nackt durch die Stadt liefen. Jetzt sind keine Blätter an den Büschen, und die Polizisten hätten uns sofort gesehen.

Am Abend gehen mein Kumpel und ich ein paar Treppen im Haus hinunter, um bei einem Mädchen vorbeizuschauen, das er kennt. Und da sitzt sie in einem roten Wollpullover. Das Mädchen, das ich will.

Sie haut mich um. Seit einigen Jahren bin ich enthaltsam, aber jetzt rührt sich etwas in mir.

Sie heißt Frida und studiert an der Hochschule für Design und Kunsthandwerk. Wir unterhalten uns ein bisschen, und sie gibt mir ihre Telefonnummer.

Ein paar Tage später bin ich wieder bei Mama und Papa auf Öckerö. Am nächsten Tag werde ich mit dem Zug nach Jämtland fahren, aber bei dieser Aussicht fühle ich mich nicht sehr entspannt. Ich muss sie anrufen. Ich denke, sie könnte das Mädchen sein, das Opa meinte. Papa sagt, ich könne das Auto leihen.

Wir treffen uns in ihrer Wohnung, und es ist richtig, da besteht kein Zweifel, etwas passiert tief in meinem Herzen. Ihr scheint es genauso zu gehen. Bevor ich fahre, sagt sie, ich müsse auf der Stelle entscheiden, was ich wolle: „Entweder bleiben wir in Kontakt und treffen uns ab und zu, oder du bist mir egal. Du kannst nicht nach Jämtland fahren und rummachen und dich nie melden und denken, ich werde hier sitzen und dich vermissen. Solche Typen kenne ich. Also, was willst du?"

„Ich rufe dich an", sage ich.

Als ich gehe, fühlt es sich an, als flatterten kleine Vögel in meiner Brust.

MEIN URIN WIRD ZU EIS, bevor er auf den Schnee trifft. Die Kälte fühlt sich wie ein gefrorener Erdrutsch meinen Körper hinunter an, erst den Rücken hinunter und dann an den Beinen entlang zum Boden. Wenn es so kalt ist, scheint es keinen Unterschied zu machen, wie viele Klamotten ich trage.

Mit dem Rucksack auf dem Rücken laufe ich auf Skiern nach Järpen. Ich habe keine Wahl; ich kann nicht mehr einfach nur im Zelt sitzen und Feuerholz nachlegen. Ich habe nur noch ein paar Haferflocken übrig und muss meinen Vorrat wieder auffüllen.

Ich laufe ruhig und systematisch, damit ich nicht anfange, zu schwitzen, da ich keine Feuchtigkeit erzeugen möchte, die zu Eis wird, sobald ich stehen bleibe. Der Schnee ist rau und unnachgiebig. Ich habe eine Thermosflasche mit warmem Wasser in meinem Rucksack und Streichhölzer in der Brusttasche. Falls meine Füße steif werden, muss ich Feuer machen können. Wenn sich die Kälte an den Zehen oder Fingern breitmacht, dauert es nicht lange, bis Erfrierungen einsetzen.

Der vierte Winter. Oftmals ging es beinahe ins Auge, meine Fußsohlen waren kreideweiß, meine Zehen blutleer und steif. Kein Gefühl. Sie aufzutauen, tut sehr weh. Die Schmerzen sind unglaublich, als schlüge man sich mit einem Hammer auf den Daumen.

Von allem trage ich zwei: zwei Wollpullover unter meinem Anorak, zwei lange Unterhosen unter meiner Baumwollhose, zwei Paar Socken, zwei Paar Handschuhe, zwei Wollmützen. Ich habe mir sogar Socken über die Stiefel gezogen. Oma strickte sie aus besonders strapazierfähiger Wolle.

Eine sehr niedrige Temperatur an Land unterscheidet sich von einer sehr niedrigen Temperatur im Wasser. Im Wasser fühlt sie sich an wie eine kräftige Umarmung, aus der man sich nicht befreien kann, eine feste Kälte, ein taubes Gefühl, das bis in die Tiefe reicht. An Land ist es schleichender; es beginnt in den Fingern und Füßen und dringt langsam immer weiter in den Körper vor.

Als ich in Järpen ankomme, hebe ich am Automaten Geld ab. Ich habe noch 1.600 Kronen. Gut, das reicht für zwei Monate. Ich gehe in den Supermarkt und kaufe, was ich brauche: Linsen, Getreidekörner, Trockenobst, Butter, gefrorene Erbsen, Äpfel und einen Lutscher, den ich mir sofort in den Mund stecke.

Ich schnalle mir die Skier an und mache mich auf den Weg nach Hause. Im Schnee halten die Skier gut, ich muss sie nicht wachsen. Wenn der Rucksack voll ist, schneidet er mir in die Schultern und unterbricht den Blutfluss zu den Armen. Alle 20 Minuten muss ich stehen bleiben und die Arme schnell 50-mal nach hinten schwingen, um das warme Blut vom Herzen in die Finger zu pumpen.

Zu Hause angekommen, ist mein Gesicht gefroren, und ich bin müde und hungrig. Mit meinen steifen Finger zünde ich den Herd an und ersetze die harten, kalten Skistiefel durch weiche, warme Wollhausschuhe. Dann esse ich eine Suppe aus Linsen, Salz, Thymian und gefrorenen Erbsen. Als Nachtisch grille ich einen Apfel.

AN EINEM FREITAG KOMMT SIE MIT DEM ZUG IN UNDERSÅKER AN. Ich fahre mit einem geliehenen Fahrrad dorthin, einem Mountainbike mit breiten Reifen. Die Straße ist glatt, aber wenn ich schnell fahre, ist es in Ordnung. Ich warte am Gleis, als der Zug quietschend in den Bahnhof einfährt.

Frida steigt mit einem alten, abgenutzten Anorak und einem kleinen Rucksack aus dem Zug. Dieses minimalistische Packen verrät mir sehr viel.

Mich überkommt keine Panik, als ich sie sehe. Ich möchte nicht weglaufen.

Sie muss auf dem Lenker sitzen, als ich nach Hause radle, und ich trage ihren Rucksack auf dem Rücken. Es herrscht ein leichter Gegenwind, als ich mich die langen Anstiege hinaufquäle. Ihr Haar kitzelt mich im Gesicht – ihre Haarsträhnen sind dünner als Mamas. Sie kitzeln mehr. Ich gehe davon aus, dass ihr der Po auf dem harten Lenker wehtut, aber sie erwähnt es nicht.

Als wir am Häuschen ankommen, ist ein bisschen Schnee hereingeweht. Er liegt direkt hinter der Tür auf dem Boden. Das geht schon eine Weile so, die Wärme scheint diese Stelle nicht ganz zu erreichen. Ich mache ein Feuer im Herd und zünde ein paar Kerzen an. Dann koche ich; ich brate Rinderhackfleisch und gefrorenen Kohl und gebe ein bisschen Öl und Salz hinzu.

„Hier wohnst du also, Markus?", fragt Frida.

„Ja, hier wohne ich."

Frida sitzt am Tisch und sieht sich um. Sie trägt noch immer ihre Mütze und ihren dicken Wollpullover. Ich habe das Gefühl, sie kann in mein Inneres sehen. Die Temperatur im Häuschen steigt langsam von unter auf über 0° C.

„Und was machst du den ganzen Tag?"

„Ich stehe auf, ich esse, ich laufe, ich versuche, nicht zu erfrieren. Ich tue, was ich möchte. Ich möchte viel Zeit haben, um nicht viel zu machen."

„Aber wie schaffst du es, immer genug Essen auf dem Tisch zu haben?"

„Das ist gar kein Problem. Wenn ich weniger als 400 Kronen auf dem Konto habe, suche ich mir einen Job, um ein bisschen Geld zu verdienen."

Wir verbringen den ganzen Tag im Haus und legen ein Holzscheit nach dem anderen ins Feuer. Am Abend leiht Frida sich meinen Winterschlafsack. Sie kann im oberen Bett schlafen, wo es am wärmsten ist.

Als wir am nächsten Tag aufwachen, ist die Temperatur im Häuschen wieder auf unter 0° C gefallen. Frida wirkt erfroren und hungrig. Ich mache Haferbrei, erhitze das Wasser auf meinem Campingkocher und zünde den Ofen an. Wir schmiegen uns vor dem Feuer aneinander und legen eine Decke um uns. Wir essen den Haferbrei mit geriebenen Möhren statt mit Marmelade.

Ich fange an, über Kinder nachzudenken, ich bin ein bisschen in Babylaune. Ich denke an nackte Haut.

Je wärmer es im Häuschen wird, desto länger werden unsere Sätze. Die Sonne scheint durch das dünne, gerissene Fensterglas.

Frida setzt sich an den Tisch. Sie muss noch etwas für die Uni fertigstellen. Ich kann sehen, dass sie gut darin ist, was sie tut. Sie zeichnet mühelos. Ich laufe eine Runde.

Am Sonntagabend radle ich zum Bahnhof zurück, sie sitzt wieder auf dem Lenker. Es ist kälter und nicht ganz so rutschig. Kein Wind.

Der Zug kommt an, und sie steigt ein. Ich denke, sie wird sich eine Tasse Kaffee kaufen. Ich trinke keinen Kaffee, aber wenn sie das nächste Mal kommt, kaufe ich ein Paket.

IM FRÜHJAHR ziehen wir zusammen in ein kleines Steinhäuschen auf Öckerö. Es fühlt sich seltsam an, in einem Haus zu schlafen, mit einem dicken Dach über dem Kopf und einem anderen Menschen neben mir. Ich liege auf einer weichen Matratze. Ich höre keine Vögel, nur ihr ruhiges Atmen.

Zum ersten Mal seit fast fünf Jahren lebe ich wieder auf der Insel. Ich habe keine Ahnung, wie es klappen wird, aber das ist okay.

Frida ist verlässlich und sehr direkt. Wenn ich sie ansehe, fehlt mir nichts.

MAMA LIEGT AUF DEM SOFA. Die Sonne scheint auf ihr Gesicht, und sie sieht müde aus. Ihre Beine sind wie totes Holz. Es besteht keine Verbindung mehr zwischen ihrem Gehirn und ihren Füßen.

Mama freut sich, Frida kennengelernt zu haben. Ich kann es in ihren Augen sehen. Frida ist erkältet. Sie sitzt am Tisch und büffelt für eine Prüfung. Mama möchte sich aufsetzen, und Frida stellt behutsam ihre Beine auf den Boden und zieht sie hoch, sodass sie sitzt.

„Krankheit. Geh jetzt ruhig, Frida", sagt Mama.

AN EINEM SPÄTSOMMERTAG kommt Mama von einem Aufenthalt in einem Hospiz in Skåne in Südschweden zurück. Plötzlich ist sie da, drei Tage zu früh. „Sie wollte einfach nach Hause", sagt der Pfleger.

Am Abend gehe ich zu Mama hinüber. Sie liegt auf dem Bauch im Bett und schläft, der Kopf ist zur Seite gedreht. Die Jalousie ist geschlossen. Mama trägt ein weißes Nachthemd.

Ich lege mich neben sie. Sie wacht nicht auf, nach der Fahrt ist sie wohl müde. Sie riecht wie immer.

„Bis morgen", sage ich.

Ich schließe die Tür hinter mir und gehe durch die Garage nach draußen.

Am nächsten Morgen weckt mich meine jüngere Schwester Ida. Sie steht in der Tür, Tränen laufen ihr die Wangen hinunter, und sie sagt, Mama sei tot.

„Sie ist in der Nacht gestorben, Markus. Die Krankenschwester hat uns angerufen."

Wir fahren mit Idas Auto hin. Mama liegt in ihrem Bett, ganz blass. Was auch immer sie war, ist nicht mehr da.

Sie wird nie geheilt werden.

Meine Geschwister, Papa und ich stehen in dem Zimmer, wo Mama im Bett liegt. Jemand hat sie auf den Rücken gedreht. Ich verstehe gar nichts, ich war doch vor zehn Stunden noch hier.

Wir gehen zur Saltars und auf die Felsen, meine Geschwister und ich. Wir haben Obst und Wasser mitgenommen. Die Sonne scheint von einem wolkenlosen, blauen Himmel herab. Es ist der schönste Tag des gesamten Sommers. Die Lufttemperatur beträgt 27° C, die Wassertemperatur 22° C. Das Meer ist ruhig, glänzt wie ein Spiegel. Das letzte Stück rennt mein kleiner Bruder mit langen Schritten, wie ein Elch, und meine Schwestern und ich tun es ihm nach. Wir fliegen durch die Luft, machen einen Wettkampf, wer am weitesten springen kann. Mein Bruder gewinnt mit einem ganzen Meter Vorsprung.

Mama hätte sich gefreut, wenn sie bei uns gewesen wäre, sie hätte lachend auf dem Felsen gesessen. Ich bin bedrückt und erleichtert zugleich.

Unter Wasser schwimme ich in meinen eigenen Tränen.

ZEHN JAHRE SPÄTER

ICH LAUFE IN DER DUNKELHEIT über das Eis auf dem Helgesjön. Der Abend ist kalt und voller Sterne, der Mond ist nur eine schmale Sichel. Das Eis glänzt und ist schneefrei, es ist, als liefe ich über einen dunklen Spiegel. Ich spüre, wie sich das Eis unter meinen Füßen spannt und knackt. Es klingt dumpf.

Ich laufe auf das warme, orangefarbene Licht einer einsamen 60-Watt-Birne auf einem der Bauernhöfe auf der anderen Seite des Sees zu. Ganz allein auf der Welt.

Ich trage eine Leggings, zwei Pullover und einen Anorak. Ich habe mir dicke Wollfäustlinge angezogen, die meine gesamten Unterarme bis zu den Ellbogen bedecken. Meine Hände und Füße sind warm. In meinem Bart hat sich Eis gebildet. Die perfekte Mischung aus Wärme und Kälte.

Am anderen Seeufer folge ich der Schotterstraße nach Undersåker. Bevor ich die E 14 überquere, gehe ich über den Bauernhof, wo der Boxer und ich zwei Jahre vor seinem Tod an einem Sportcamp teilnahmen. Das ist 20 Jahre her.

Ich bin fast 40. Als Papa in dem Alter war, hielt ich ihn für sehr alt.

Ich lasse die Lichter von Undersåker hinter mir und laufe wieder in die Dunkelheit auf der anderen Seite des Indalsälven. Mir gefällt es, wenn das Licht verschwindet und ich wie ein Schatten durch die graue Dämmerung laufen kann. Mir begegnet niemand. Ich habe dasselbe Gefühl wie immer: Ohne das wäre mein Leben weniger schön.

Ich denke, jeder Lauf könnte mein letzter sein. Deshalb koste ich ihn aus.

Auf dem Heimweg komme ich an Hålland, dem Hållandsgården und den braunen Ziegelsteinmauern der Schule vorbei. Orte, die mir halfen, der zu werden, der ich sein sollte. Nach einer Stunde und 50 Minuten bin ich wieder zu Hause. Mein Körper fühlt sich noch immer leicht an. Das alte rote Häuschen ist nicht mehr da, aber der Ort sieht noch immer gleich aus.

Das alte Haus war nicht mehr zu retten; es lebten wohl mindestens 500 Mäuse unter dem Boden. Vor zehn Jahren zündete ich es an, zur wärmsten Zeit im Sommer, als das Gras am höchsten stand. Es loderte ganz schön. Die nächsten Bäume wurden angesengt, und es war ein bisschen besorgniserregend, als die Flammen am höchsten schlugen und ich mit nur einem kleinen Eimer Wasser danebenstand, aber der Wald überlebte.

Ich fertigte einfach eine grobe Skizze von Fridas und meinem neuen Haus an und überschlug, welche Mengen welcher Materialien wir benötigen würden. Für 200.000 Kronen des Geldes, das ich von Mama geerbt hatte, bestellte ich eine Ladung Bretter bei einem Sägewerk hinter Järpen. Die Baugenehmigung übersprang ich; ich hatte keine Lust auf die Bürokratie und legte einfach los. Ein Arbeiter aus der Gegend half mir, die Betonsockel zu gießen, und dann kam Mats von

Backens Holzhof mit den Brettern auf seinem alten Lkw. Wir luden alles von Hand ab; es dauerte einen ganzen Tag.

Als ich die Bretter sah, bekam ich einen Adrenalinstoß. Ich war dafür verantwortlich, dieses Haus zu bauen, bevor das Holz vergammelte. So einfach war das.

Ich hatte noch nie ein Haus gebaut, aber ich arbeite gern mit Holz.

In den ersten Wochen hatte ich keinen Strom. Daher sägte ich alle Stützbalken und Zapfen von Hand. Meine Oberarme wurden unglaublich stark. Schließlich kaufte ich einen Dieselgenerator, lieh mir eine elektrische Säge und sägte die Bretter für die Verkleidung und die Sperrholzplatten. Ich isolierte das gesamte Haus mit Zelluloseschaum – 35 Zentimeter in den Wänden und 45 Zentimeter im Dach –, damit ich im Winter nicht so viel Holz würde verbrennen müssen.

Ich arbeitete 16 Stunden am Tag. Ich spürte keine Müdigkeit, keinen Hunger. In meinen Körper wurde ständig Energie gepumpt.

Den Preis zahlte ich später, als das Haus fertig war und ich keine Adrenalinstöße mehr bekam. Damals war ich monatelang erschöpft.

Als ich hereinkomme, sitzt Frida auf dem Sofa und stillt das Baby. In beiden Kaminen brennt ein Feuer, und das Eis in meinem Bart schmilzt und tropft auf den Boden.

Birgitta ist eine Woche alt und nach Mama benannt. Wir haben sie noch nicht gebadet, und sie riecht noch immer nach Fruchtwasser und Blut. Ich spüre ihren schnellen, leichten Puls, wenn ich ihren Kopf mit meiner warmen Hand berühre.

Unsere anderen beiden Mädchen, Signe und Helga, schlafen oben auf dem Dachboden.

EINES TAGES FRAGT FRIDA MICH, warum ich immer zweimal pro Tag laufe.

„Dir tut immer was weh und du verwendest viel Energie aufs Training, Energie, die du für die Familie einsetzen könntest."

„Aber Laufen macht mir Spaß", sage ich.

„Ich weiß, aber macht es so viel weniger Spaß, nur einmal pro Tag zu laufen? Wird dein Körper sich anders anfühlen? Wirst du langsamer laufen? Jedenfalls ist das ist nicht der Grund, warum du läufst."

Sie sagt es ruhig und sieht mich mit ihren hellblauen Augen an. Ich kann sehen, dass sie schon lange so denkt. Ihre Stimme klingt nicht gereizt, es ist nur eine ruhige, ehrlich gemeinte Frage.

Wir sitzen am Tisch und trinken roten Tee. Ich kann ihr keine vernünftige Antwort geben. Es ist einfach etwas, was ich schon so lange tue: morgens aufstehen und laufen, und dasselbe am Abend, jeden Tag seit 20 Jahren. Es ist eine Gewohnheit, die tief in meinem Körper verankert ist, und ich habe nicht vor, sie zu ändern.

Frida verdient den Großteil des Geldes für die Familie, wenn sie nicht im Mutterschaftsurlaub ist. In ihrer Arbeit ist sie richtig gut; sie wählt die Farben für Volvo-Autos aus. Es ist verblüffend, dass sie so viele verschiedene Dinge beherrscht. Es erstaunt mich, dass Liebe Jahr für Jahr wachsen kann. Jetzt ist es anders als damals, als wir uns kennenlernten, die Wurzeln sind tiefer.

Gleichzeitig denke ich, alles könnte schiefgehen, ich halte nichts für selbstverständlich. Vermutlich funktioniert es deswegen.

Was mich betrifft, so unterstütze ich die Familie, wann immer ich kann: Ich arbeite auf Baustellen oder als Pfleger oder mit Jungs, die mit dem Gesetz in Konflikt gerieten und in einer lokalen Anstalt landeten. Peters Film *Löparen* machte mich auch zu einer Quelle der Inspiration für einige von Schwedens aufstrebenden Läufern, und wegen des steigenden Fitnessfiebers erhalte ich immer häufiger Anfragen für Vorträge oder als Trainer.

Manchmal denke ich, das derzeitige Interesse am Laufen kann nicht aufrechterhalten werden und die Blase wird platzen, alles wird auslaufen und von der Erde aufgesogen. Aber für mich macht das keinen Unterschied. Ich werde weiterhin meine Beine benutzen, um Neues zu entdecken.

ICH GEHE AM STOCKHOLMER Stadion vorbei, lasse die Autos, Ampeln und stinkenden Abgase hinter mir und gehe weiter zum Fiskartorpet, einem Bereich für Outdooraktivitäten in dem schlichten und eleganten Stadtteil Djurgården. Ich habe meinen Rucksack mit einem Schlafsack und einer Isomatte dabei, ganz unten im Rucksack sind meine Laufschuhe und Trainingskleidung.

Ich halte einen Vortrag im Grand Hôtel und lehnte das Angebot ab, die Nacht vor dem Vortrag dort zu verbringen. Es ist schön, in weichen Betten zu schlafen, aber die Zimmer sind immer so heiß. Draußen schlafe ich besser, und ich muss die Gelegenheit nutzen, wenn ich nicht mit meiner Familie zusammen bin. Außerdem bringt es Erinnerungen und Gefühle zurück, die ich nutzen kann, wenn ich den Vortrag halte. Im Freien zu schlafen, ist wie Aufwärmen.

Ein Stück vom Häuschen im Fiskartorpet entfernt finde ich eine flache Stelle an einem kleinen Wäldchen in der Nähe vom Wasser. Ich schiebe ein paar Zweige und Äste zur Seite, rolle die Isomatte aus und hole den Schlafsack heraus. Ich ziehe die oberste Kleidungsschicht aus und krieche in den Schlafsack.

Der Himmel ist wolkenlos, und es sind 10° C. Ich liege auf dem Rücken und betrachte den Himmel; mein Körper ist warm und mein Gesicht ist kühl. Das Licht der Stadt hindert die Sterne daran, zum Vorschein kommen. Ich höre den Verkehrslärm aus der Ferne.

Als ich am nächsten Tag aufwache, ist eine leichte Tauschicht auf dem Schlafsack. Ich ziehe meine Trainingskleidung an und setze mich in Bewegung. Ich laufe durch den Lill-Jansskogen, an unbelaubten Bäumen mit ihren komplexen Mustern aus nackten Ästen vorbei, und weiter in Richtung Stadtzentrum. Ruhig jogge ich durch die Straßen, Seite an Seite mit Fußgängern, Radfahrern und Autos. Ich folge dem Söder Mälarstrand zu der Brücke, die nach Långholmen führt, komme am Kai vorbei und laufe unter der Västerbron hindurch. Um meinen Körper aufzuwärmen, laufe ich zwei schnelle Runden um Långholmen und dann den ganzen Weg zum Fiskartorpet zurück.

Die Morgensonne scheint schwach durch die Äste und der Tau ist noch immer auf meinem Schlafsack, als ich zurückkomme. Ich bringe mein ganzes Zeug nach unten zum Wasser, ziehe mich aus und springe hinein. Das Wasser ist brackig, eine Mischung aus der Westküste und dem Helgesjön. Eiskalt.

30 Minuten vor Beginn meines Vortrags komme ich am Grand Hôtel an und gehe in die energiereiche Wärme. Mein Kopf ist bereit, ich

bin nervös, aber voller Tatendrang. Ich spüre einen enormen Druck in meinem Kopf, von Worten, die herauskommen möchten.

Im Publikum sitzen 500 Leute in langen, schweigenden Reihen. Sie sind hier, um die Oscars der schwedischen Lebensmittelindustrie zu feiern, Arla Guldko, die Goldene Kuh. Einige im Saal sind für Preise nominiert wie „Umweltschützer des Jahres", „Altruistischer Lebensmittelerzeuger des Jahres", „Freundlichstes Lebensmittelgeschäft des Jahres" oder „Koch des Jahres", und sie alle warten nervös darauf, zu erfahren, wer die Gewinner sind. Aber zuerst werde ich genau 50 Minuten lang sprechen. Auf der Bühne befindet sich eine Uhr, und ich soll sie im Auge behalten.

Ich weiß in etwa, wie ich beginnen werde, aber danach ist nichts geplant. Genauso, wie ich es möchte.

Ich höre, wie der Moderator mich über die Lautsprecher vorstellt. Noch 15 Sekunden. Ich gehe die Stufen hinauf auf die Bühne. Es fühlt sich ein bisschen unwirklich an, vor all diesen Menschen zu stehen, die darauf warten, dass ich etwas sage. Aber ich spüre keine Panik. Der Kontakt ist hergestellt, ein Durchlass zum Gehirn öffnet sich, und Gedanken, die in stillen Monaten entstanden, kommen heraus. Ich spreche über Dunkelheit, Kälte und Hunger, und wie das Leben im Wald mir half, zu entdecken, was ich tun wollte.

Ich bin jedes Mal überrascht, dass es funktioniert. Dass ich, der sich früher nur in der physischen Welt zu Hause fühlte, vor Leuten stehen kann, ohne durchzudrehen. Ich genieße es sogar aktiv.

In der Schule bekam ich immer schlechte Noten für mündliche Vorträge. Aber ich durfte nie über Dinge sprechen, die ich mochte.

Darum geht es: herauszufinden, was dein Ding ist. Dann passiert es.

ALS ICH EINES TAGES mit meinen älteren Töchtern spazieren gehe, kommen wir an der Stelle vorbei, wo ich Mamas Auto parkte, als sie mich besuchte. Ich zeige Signe und Helga den Pfad, wo ich Mama vor vielen Jahren auf dem Rücken trug. Er ist jetzt beinahe zugewachsen, und es sind keine Spuren mehr davon zu sehen, dass ich ihn entlangging und mich unter all den Bäumen hindurchbückte.

Die Entscheidung, das Zelt zu verlassen, geschah so schnell wie ein Sonnenaufgang in Tansania. Ich nahm das Wichtigste mit – die Axt, die Plane und den dicken Schlafsack – und ließ den Rest einfach da.

Zehn Jahre später, und das Gerüst des Zelts existiert noch immer. Das Bett steht noch immer auf den Steinen, mein leichter grüner synthetischer Schlafsack liegt nass und zerrissen darauf. Die Rentierfelle sind verschwunden, wahrscheinlich von hungrigen Tieren und Vögeln gefressen. Die Kiste mit den Gewürzen und Linsen liegt unter einem Baum in der Nähe.

Es fühlt sich alles an, als wäre es erst gestern gewesen, aber auch sehr lange her, dass ich hier vier Jahre lang lebte. Was ich am meisten vermisse, ist das Gefühl, abends in den Schlafsack zu kriechen, die Sterne durch den Rauchabzug zu betrachten und meinen Atem wie eine feuchte Wolke von meinem Mund aufsteigen zu sehen. Beim Schlafen war ich von der Dunkelheit und Kälte umgeben, und wenn ich nach elf Stunden traumlosen Schlafs aufwachte, war mir warm und ich fühlte mich stark und hungrig.

„Warum hast du hier gewohnt, Papa?", fragt Signe.

„Weil ich es wollte", antworte ich.

Das reicht, keine weiteren Fragen. Für Kinder ist alles normal; sie werten nicht, nichts ist zu seltsam. Sie nehmen auf, was sie aufnehmen wollen.

ICH HOLPERE ÜBER DIE Hubbel auf der Straße nach Vålådalen. Ich sollte wirklich die hinteren Stoßdämpfer des Autos austauschen, aber mir gefällt es, in einem heruntergekommenen Auto herumzufahren, mit dem ich nicht sonderlich vorsichtig umgehen muss. Ich wechsle das Öl und den Filter und kümmere mich um den Motor, aber der Rest interessiert mich nicht.

Es ist Spätsommer, nicht einmal Schnee auf den Berggipfeln, nur Grün, Tannen und Moorbirken. Ich fahre mit offenen Fenstern und spüre den warmen Wind. Die Windschutzscheibe ist mit toten Mücken übersät. Papa wäre nicht begeistert gewesen, wenn er das gesehen hätte.

Die schwedischen Skilangläufer veranstalten ein Trainingslager in Gunder Häggs ehemaligem Revier. Ich werde den Skifahrern auf der Aschenbahn von Vålådalen die richtige Lauftechnik beibringen und mit ihnen an ihrer Fuß- und Hüftposition arbeiten, um das Verletzungsrisiko in ihrer langen schneefreien Saison zu verringern. Laufen ist auch das perfekte Werkzeug, um die Schwachstellen des Körpers zu identifizieren, wie ein natürlicher Screeningprozess, da jeder Fußaufsatz durch den Körper übertragen wird und ihn an der Schwachstelle reagieren lässt.

Alle Skiläufer sind außergewöhnlich fit, aber viele von ihnen sitzen beim Laufen und können sich so Läuferknie und Schmerzen an den Achillessehnen zuziehen. Ich verstehe, wie leicht das passieren kann: Sie sehen Laufen als eine Möglichkeit an, ihre Fitness zu erhöhen, und bedenken nicht, dass ihre Technik beim Laufen genauso wichtig ist wie beim Skilaufen. Man hört sie viel über ihre maximale Sauerstoffaufnahme und über die Bedeutung eines starken Motors sprechen, doch wenn die Kraft nicht richtig geleitet wird, können sie nicht das Maximum aus der Energie herausholen, die sie aufwenden. Es ist wie Geld – es spielt keine Rolle, wie hoch der Lohn ist, wenn man alles verprasst, was man verdient.

Es macht Spaß, mit Menschen zusammenzuarbeiten, die das, was sie tun, mit Leidenschaft verfolgen und viele Stunden am Tag mit ihrem Körper allein sind. Die vielen Trainingsstunden im Wald oder auf dem Berg prägen sie, und in dieser Hinsicht verstehe ich sie vollkommen.

Ich beginne mit den Frauen und mache mit den Männern weiter. Sie laufen Diagonalen übers Fußballfeld, während ich ihre Schritte beobachte.

Viele von ihnen bewegen sich von Anfang an gut. Sie laufen aufrecht und schieben die Hüften nach vorn, sodass ihre Füße direkt unter ihrem Körper landen, was ihnen eine natürliche Vorwärtsbewegung verleiht. Sie fliegen. Andere bewegen sich vollkommen falsch. Sie beugen den Rumpf nach vorn und strecken den Po raus, sodass ihr Körper wie ein S geformt ist. Ihre Füße landen ein Stückchen vor dem Körper auf dem Boden, sodass die Kraft durch die Fersen geht und sie sich mehr anstrengen müssen. Während der Vorwärtsbewegung bremsen sie sich immer ab.

Ich weise die Skifahrer an, die Schuhe auszuziehen, und sofort laufen sie alle besser. Diesen Ratschlag gebe ich häufig, und jedes Mal passiert das Gleiche: Wenn der Fuß direkten Bodenkontakt erhält, kann er selbst spüren, wie er landen möchte.

Ich kann nicht verstehen, warum es so viele Schrottschuhe mit dicken Sohlen gibt, die es uns schwer machen, so zu laufen, wie die Natur es vorsah. Laufen ist einfach, und das ist seine Stärke. Jeder kann laufen. Es kostet nichts. Man braucht keine Schuhe, die von der NASA entwickelt wurden.

Aber das kann man leicht vergessen, wenn es eine ganze Industrie gibt, die ständig neue Produkte auf den Markt bringt und immer wieder neue Antworten auf Probleme liefert, die schon vor langer Zeit gelöst wurden.

ICH SELBST VERSUCHTE VOR EINIGEN JAHREN, entlang der schwedischen Bergkette zu laufen, 1.300 Kilometer über unebenes Terrain, wo Stig-Mikael und ich unser Skiabenteuer erlebten. Niemand hatte es zuvor getan, und ich wollte sehen, ob es möglich war.

Ich lief mit einer Karte, einem Kompass, einem GPS-Gerät, Ersatzklamotten und Essen für den Tag in meinem Laufrucksack. Ich musste nicht mehr mitnehmen, da ich einen Sponsor hatte, der ein Begleitfahrzeug organisiert hatte, das mehr Ausrüstung und Nahrung zu Orten transportierte, an denen ich auf dem Weg vorbeikommen würde. Der Plan war, beinahe einen Monat lang 50 bis 60 Kilometer pro Tag zu laufen.

Ich lief in meiner gewohnten Kleidung und mit meinen gewohnten Schuhen, aber an den Füßen trug ich etwas, was ich noch nie zuvor genutzt hatte: Kompressionssocken. An den Sprunggelenken sind sie fest, und der Druck nimmt an den Beinen aufwärts langsam ab, wodurch das Blut leichter durch die Venen gepumpt werden kann. Kompressionsstrümpfe werden schon ewig im medizinischen Bereich eingesetzt, von Menschen, die sich nach einer Operation oder im Alter nicht genug bewegen. Die Strümpfe verhindern Blutgerinnsel und Embolien. Außerdem tragen manche Passagiere sie auf langen Flügen. Seit ein paar Jahren werden sie auch für Sportler angepriesen. Wenn auf den Fuß und die Wade Druck ausgeübt wird, soll man sich schneller regenerieren können, und ich dachte, es könnte nicht schaden, es auszuprobieren.

Ende Juli startete ich in Kilpisjärvi und lief über die Berge zum Dreiländergrenzmal. Ich folgte den steinigen Wegen, während die Sommersonne vom blauen Himmel schien. Das Leben war einfach. Ich schlief, kaufte in den Hütten, die vom schwedischen Fremdenverkehrsverband geführt werden, Essen und lief allein zwischen den runden, sanften Hängen. Ich trank kaltes Bergwasser. In Rostojauri füllte ich meinen Rucksack mit Wurst und Schokowaffeln, und an den folgenden drei Tagen lief ich zwischen 60 und 90 Kilometern pro Tag, über seichte Bäche und Feuchtgebiete mit niedrigen Weidenbäumen. Einzig Rentiere leisteten mir Gesellschaft. Ich war, wo ich sein wollte, mir selbst und meinen eigenen Entscheidungen überlassen.

Als ich an Abisko vorbeigekommen war und in südliche Richtung auf dem Kungsleden lief, schwollen meine Füße an und ich bekam furchtbare Blasen an den Zehen. Als ich die Schuhe auszog, waren meine Füße vier Größen größer als sonst. Ich erkannte sie nicht wieder.

Hatten meine Nieren versagt? War deshalb so viel Flüssigkeit in meinen Füßen? In einer Berghütte schnitt ich den vorderen Teil der Schuhe ab, um Platz für meine Füße zu schaffen. Mit schwammigen Füßen und Schmerzen in den Sehnen, die von den Zehen kamen, lief ich weiter in Richtung Süden.

Ich schlief mit dem Kissen unter den Füßen, um zu sehen, ob langes Schlafen in der Nacht dafür sorgen würde, dass die Flüssigkeit verschwand. Keine Verbesserung. Wenn ich mit dem Daumen auf den Fuß drückte, entstand ein Loch, das lange blieb, wie ein Daumenabdruck in warmer Butter.

Nach 380 Kilometern in einer Woche kam ich in Saltoluokta an. Meine Füße waren geschwollen wie die eines alten Mannes mit Herzproblemen. Ich beschloss, mich einen ganzen Tag lang auszuruhen und zu sehen, ob die Schwellung nachließ. Kein verdammter Unterschied.

Ich sah meine schwarzen Kompressionssocken an. Konnte es an ihnen liegen?

Am nächsten Tag lief ich stattdessen mit Wollsocken und Sandalen weiter. Die Schwellung verschwand sofort.

Diese verdammten Socken – wie konnte ich auf die aggressiven Verkaufsmethoden hereinfallen? Ich ärgerte mich unglaublich über mich selbst, weil ich nicht logisch darüber nachgedacht hatte: Wie klug ist es, zehn Stunden pro Tag etwas Enges um die Beine zu tragen?

Dieses ganze nutzlose Zeug, das entwickelt wird, finde ich sehr erschreckend. Dabei geht es häufig nur um Konsum.

Ich lief weitere 380 Kilometer. Die Schwellung kam nicht zurück, aber die Schmerzen waren noch immer da: Die Flüssigkeit in meinen Füßen hatte mich dazu gezwungen, meine Beine unnatürlich zu belasten, und mein Körper schaffte es nicht, sich davon zu erholen. Der Bereich um die Sehnen herum entzündete sich, und mein halber kleiner Zeh schien verschwunden zu sein, verloren aufgrund der größten Blase der Welt. Jeder Schritt schien mir direkt in die Fußsohlen zu schneiden; es war dasselbe Gefühl wie in Österreich, als mein Spann zusammenbrach.

Weniger als 500 Kilometer vor dem Ziel musste ich eine Entscheidung fällen: aufgeben oder mich zwingen, weiterzumachen, einfach nur, um es getan zu haben. Um es geschafft zu haben. Damit niemand sagen konnte, ich hätte versagt. Es wäre absolut möglich, das letzte Stück bis hinunter nach Grövelsjön zu gehen.

Aber wenn ich es täte, wäre ich wieder in diesem zerstörerischen Loch, das ich so gut kenne, dem Loch, in dem ich nicht höre, in das kein Licht dringt und dessen Wände rutschig sind.

Stattdessen fuhr ich zurück zu meiner Familie. Als ich dort ankam, waren Frida und die Kinder draußen und schwammen. Ich sprang ins Wasser und schwamm mit Signe auf meinem Rücken.

Für mich war es kein Scheitern. Es war eines der besten Dinge, die ich je gemacht habe.

WIR KAUFEN EIN PAAR SOMMERSCHAFE, die auf der Wiese neben dem Haus grasen. Fünf Schafböcke, die wie Rasenmäher herumlaufen und jeden Tag größer und stärker werden.

Von einem örtlichen Eiproduzenten kaufen wir fünf ehemalige Legehennen für jeweils 35,- Kronen. Nach 54 Wochen in der Eierfabrik sind sie nackt und halb erfroren und haben kaum Federn am Körper, wie küchenfertige Hühner im Gefrierschrank, nur mit Beinen und Köpfen und schlagenden Herzen.

Am Waldrand baue ich einen kleinen Hühnerstall. Wir geben den Hühnern unsere Essensreste – kalten Haferbrei, Kartoffel- und Gemüseschalen, Fleisch- und Fischreste –, und sie bezahlen uns dafür mit Eiern. Nach nur ein paar Wochen wachsen sie und bekommen herrliche weiße Federn. Die Eigelbe werden immer gelber und ihre

Kämme werden mit jedem Tag, an dem sie in ihrem eigenen Tempo essen und leben können, roter. Sie verwandeln sich in die Hennen aus *Pettersson und Findus*. Sie sind – inoffiziell – die tollsten Vögel der Welt. Es ist unglaublich lustig, ihnen zuzusehen, wenn sie auf ihren dürren Beinchen herumlaufen. Jedes Mal, wenn ich sie füttere, tun sie so, als hätten sie gerade im Lotto gewonnen – sie gackern und schlagen mit den Flügeln und könnten kein schöneres Leben haben. Jeder, der kann, sollte sich ein paar Hühner zulegen.

Jeden Morgen sammeln Helga und Signe die Eier ein. Sie kommen stolz und glücklich zurück und haben Lust auf Pfannkuchen. Frida macht einen dicken Teig aus Dinkelmehl, Milch und unseren eigenen Eiern. Dann backe ich die Pfannkuchen in jeder Menge Butter.

Frida und die Kinder langen zu, weil es gut schmeckt und sie Hunger haben, und heutzutage esse ich wie sie. Ohne Unruhe, ohne Bewertungen oder alle möglichen anderen Gedanken.

Wie viele Essensfimmel ich doch im Laufe der Jahre ausprobierte: keine Kohlenhydrate, nur Kohlenhydrate, vegane Ernährung, eine Proteindiät. Nichts funktionierte, weil mein Kopf nicht mitmachte.

Was als der Gedanke begann, Gemüse sei gesund, endete damit, dass ich nichts anderes als Gemüse aß, und wenn ich mich nicht daran hielt, ergriff mich Panik. Ernährung war nur mit Gefühlen verbunden; ich kümmerte mich nicht um meinen Körper oder um Hunger.

Wenn ich an meine Jugend zurückdenke, ist es offensichtlich, dass ich viel zu wenig aß. Lange Tage mit zwei Trainingseinheiten, und Müsli und Limonade, wenn ich abends nach Hause kam. Niemand achtete darauf, was ich aß: Meinen Trainer interessierte es nicht, Mama lag erschöpft im Bett und Papa hatte andere Sorgen. Ich selbst verstand nicht, dass alles miteinander zusammenhing. Ich war schwer von Begriff und dumm, weil ich zu wenig Energie im Blut hatte. Kein Wunder, dass es mit der Schule nicht klappte.

Dasselbe in Tansania: Ich hatte diese fixe Idee im Kopf und sie wurde zu etwas, dem ich nicht widerstehen konnte. Es schien keine Rolle zu spielen, dass sich in meinem Körper alles falsch anfühlte.

Alles hängt davon ab, was im Kopf eines Menschen vorgeht. Es klingt offensichtlich, aber für mich war es knifflig.

In der Welt des Sporttrainings gibt es viele Ratschläge zum Thema Essen, Ernährung und Diätpläne, aber meine eigenen Erfahrungen ließen mich vorsichtig werden. Ich glaube nicht, dass man sich hinter einer Diät oder einer Theorie verstecken kann. Dadurch möchte man jede Schuldzuweisung vermeiden und jemand anderem die Verantwortung überlassen. Aber man kann nicht erwarten, dass Gutes einfach so ausgeteilt wird.

Man kann nur selbst herausfinden, wodurch man sich gut fühlt. Wenn man die volle Verantwortung übernimmt und der Kopf beim Essen ruhig ist, nimmt der Körper auf, was er braucht.

Aber es ist schwer, ein Produkt namens „Ihre eigene Verantwortung" zu verpacken und zu vermarkten. Damit kann man kein Geld verdienen, und deshalb gibt es so viele verschiedene Diäten.

Am Küchentisch langt Signe mit riesigen Bissen und Helga mit kleinen Bissen zu. Die beiden stammen von Frida und mir, aber sie könnten genauso gut von verschiedenen Kontinenten kommen. Signe ist blond, Helga dunkelhaarig. Eine liebt richtiges Essen, die andere Zucker, wie ich. Eine liebt es, umarmt zu werden, die andere mag es nicht und ringt lieber. Eine ist abends müde, die andere morgens.

Ich stehe am Fenster und folge ihnen mit den Augen, als sie unseren Hügel hinunter und zur Straße gehen. Ihre schlanken Beine und Arme sind nach dem Sommer gebräunt; sie tragen Sandalen, kurze Hosen und Tops. Beide tragen einen Rucksack mit Obst in der Außentasche. Sie warten auf das Gemeinschaftstaxi, das sie zur Schule in Undersåker bringt. Sie sind erwartungsvoll und glücklich. Voller Energie.

Es dauerte, bis ich Vater wurde, bis ich mein großes Ego losließ und die Tür zu meinem Herzen öffnete. Dann sah ich die Mädchen.

Vater zu sein, setzt dasselbe voraus wie das Leben in der Kälte: Präsenz.

ICH LAUFE ÜBER EINEN DER SÜMPFE an den Hängen hinter dem Wald hinter unserem Haus. Es ist, als liefe man in weicher Butter; in den tiefsten Löchern versinke ich bis zur Taille. Sehr wadenschonend. Ich trage nur Schuhe und eine kurze Laufhose und spüre die warme Abendsonne auf dem Rücken.

Als ich an unserem kleinen Strand am Helgesjön ankomme, laufen Signe und Helga nackt am Wasser entlang, ihre Popos sind genauso braun wie der Rest ihrer Körper. Je länger sie unbefangen mit ihren Körpern umgehen, desto besser. Desto länger sind sie einfach nur. Birgitta und Frida liegen auf einer Decke unter einem Sonnenschirm.

Ich springe ins Wasser und Helga klettert auf meinen Rücken. Während sie dort hängt, schwimme ich mit Signe raus zur Schwimmplattform. Das Wasser ist 24° C warm. Der Sommer in Jämtland ist toll, jeden Tag scheint die Sonne von einem blauen Himmel herab.

Ich weiß, dass dies eine Erinnerung ist, die ich den Rest meines Lebens behalten werde.

Sie wird als etwas Wunderbares in meinem Körper bleiben, und sie wird noch immer da sein, wenn ich alt bin.

FRIDA SITZT AUF DEM BODEN und malt, Öl auf Leinwand. Ein dunkler Horizont hinter dem Meer oder den Bergen.

Komplette Konzentration, es sieht wunderbar aus. Die Welt dort draußen existiert nicht. Die Kinder schlafen, und das ist ihr Augenblick. Sie tut es für sich. Es ist etwas, was ausgedrückt und niemand anderem gezeigt werden muss.

Ich laufe und sie malt – derselbe Fokus, aber auf andere Dinge.

MANCHMAL BESUCHEN MICH LEUTE in unserem Zuhause auf den Gebirgsweiden. Sie kommen aus der ganzen Welt und übernachten ein paar Tage in einem Gästehaus, das ich ein kleines Stück von unserem eigenen entfernt baute.

Zusammen leben wir das einfache Leben – wir machen Feuer, bereiten draußen Essen zu und waschen uns in der Sauna, nachdem wir mehrere Stunden gelaufen sind. Wir leben das Leben, das mir half, meinen Kopf mit meinem Körper zu verbinden – ein Leben, von dem jeder profitieren kann. Ein paar Tage ohne Stress, wobei Laufen zu einer Möglichkeit wird, das Herz zu öffnen.

Natürlich möchten diejenigen, die hierher kommen, etwas übers Training und über viele praktische Dinge lernen, aber früher oder später werden mir auch dieselben Fragen gestellt, die ich mir früher selbst stellte, Fragen, die noch immer in mir sind: *Wodurch fühlen wir uns gut? Was macht das Leben lebenswert?*

Ich weiß, wie verführerisch es ist, eine Antwort darauf zu geben. Es wäre so einfach, schwarz und weiß zu denken, entschieden irgendwohin zu zeigen und Menschen in eine bestimmte Richtung zu schicken. In den Himmel oder in die Hölle.

Aber ich weiß nicht, wie andere ihr Leben führen sollten. Ich weiß nur, dass der Wald und das Laufen mir zufällig halfen, meinen Weg zu finden. Daher kann ich nur über mich reden und dann mit einer anderen Frage antworten. *Was fühlst du selbst, was denkst du, wie dein Weg aussieht?*

Für viele wird Laufen zu einer Sache, bei der es um Konsum geht, einer Sache, über die Buch geführt und die irgendwann ersetzt werden muss. Nur eine weitere Leistung in einem Leben, in dem es auf jeder Ebene darum geht, etwas zu erreichen. Ich glaube, dass diese Denkweise falsch ist. Die Freiheit, die in der Bewegung liegt, verschwindet, wenn sie auf Vergleich reduziert wird. Sie wird zu Bürokratie, Laufen entlang eines fixen, festgelegten Pfads in geordneten Reihen.

Laufen ist die Bewegung eines freien Menschen. Man benötigt dafür keine besonderen Räumlichkeiten oder Geräte. Man muss nur seine Schuhe anziehen und loslaufen. Das Blut zirkulieren lassen. Dann wird alles viel klarer.

VOR EIN PAAR JAHREN NAHM ICH am großen Lauf rund um Göteborg teil. Als ich am Vortag meine Startnummer abholte, war die Sporthalle voller Menschen. Die Atmosphäre war toll, so viel Energie war in der Luft – wie es immer der Fall ist, wenn sich Zehntausende mit demselben Ziel an einem Ort versammeln.

Einige kamen auf mich zu und fragten mich, ob ich der Kerl aus der Dokumentation *Löparen* sei. Es fühlte sich ein bisschen seltsam an, aber schön. Der Film steht für etwas, was mir gefällt.

Die Sporthalle war voller Unternehmer, die die Gelegenheit ergriffen, um ihre Produkte zu verkaufen: lange Leggings, kurze Leggings, Frühjahrskleidung, Sommerkleidung, Winterkleidung und Herbstkleidung; schwarze Kleidung, weiße Kleidung und Kleidung aus bunten, synthetischen Materialien, die aus der Ferne sichtbar sind; Schuhe, die atmen, und Schuhe, die nicht atmen, Schuhe mit und ohne Stoßdämpfer, Schuhe mit Eisspikes, „Barfußschuhe" und „afrikanische Massai-Schuhe"; Uhren mit eingebautem GPS und Höhenmesser, Uhren mit Pulsmesser, Uhren, die mit dem Computer verbunden werden können, sodass der Lauf automatisch registriert und in eine digitale Tabelle eingegeben wird. Alles mithilfe der allerneuesten genialen Technologie hergestellt.

So viel Zeug, um etwas zu trainieren, was so einfach ist.

Um die Tische stand eine Menge Läufer, die auf den Start am nächsten Tag warteten. Die die Menschenmasse als Ansporn betrachteten und die das Laufen mit anderen Menschen erleben wollten. Die diesen Wettkampf als Motivation nutzen, um den Rest des Jahres zu trainieren.

Ich verstand die festliche Atmosphäre und die Freude, aber gleichzeitig hatte ich das Gefühl, dass es mir um etwas ganz anderes geht. In dem Moment wurde es mir so klar. Laufen ist etwas, was ich allein tun möchte, in abgenutzten Klamotten. Ich möchte nicht mit anderen Menschen laufen, als Teil eines Festzugs.

Ich laufe, weil ich laufen möchte. Nicht, um Leistungen zu erbringen. An diesem Punkt war ich schon, aber ich bin jetzt darüber hinweg.

Ich treffe so viele Menschen, die schnell laufen möchten. Es ist ihr einziges Ziel, das einzige Ziel, das zählt. Und dann verfallen sie in Panik, wenn sie ihre Erwartungen nicht erfüllen – weil es immer etwas gibt, das man verbessern kann, Sekunden, die man herausholen könnte. Ich weiß, wie das ist.

Meine Rettung war, als ich all dies hinter mir ließ und alles entfernte, was hätte gemessen werden können: Distanzen, Geschwindigkeiten und Zeiten. Dinge, die manche inspirieren, aber noch mehr Menschen am Vorankommen hindern.

Meiner Meinung nach besteht die Herausforderung unserer Zeit darin, mit all dem einfach aufzuhören.

Wessen Gedanken sind in meinem Kopf, wenn ich nie Zeit habe, nachzudenken? Wenn ich mein Leben nie von außen betrachte, wenn es nie ruhig ist?

Jedenfalls nicht meine.

AM NÄCHSTEN TAG STAND ICH mit der ersten Läufergruppe hinter dem Band. Im Slottsskogen waren viele Menschen, und die Luft roch nach gegrillten Würsten. Neben mir standen entspannte afrikanische Läufer, die mich an meine Freunde in Tansania erinnerten, an Mama Gwandus Hühnchen, die Blitze über dem Kilimandscharo. An ein anderes Leben, eine andere Zeit.

Wir liefen los.

Ich verschwand in mir selbst, die Außenwelt löste sich auf. Ich lief allein, atmete tief, befand mich auf einer Schotterstraße über dem Norsjön. Ich spürte mein Herz. Ich sah die Berge in der Spätsommersonne leuchten, und mein Rücken war nackt und gebräunt.

Alles war klar: mein Kopf, die Luft, meine Gedanken.

DANKSAGUNG DES AUTORS

Ich möchte meiner Familie danken, dass sie mich ertragen hat, auch wenn es nicht immer so leicht gewesen sein kann: Elin, Ida, Gustav, Papa und Mama im Himmel und meinen drei Töchtern, danke, dass ihr mir einen Blickwinkel auf das Leben geschenkt habt.

Ich möchte auch meinen Freunden aus der Kindheit, Fredrik Lardmo, Peter Lindquist, Anders Palm, Mikael Simonsson und Johan Wernbo, danken, dass sie immer für mich da sind. Und Mikael Kjellberg – danke, dass du mir Frida vorgestellt hast, und entschuldige, dass ich dich nicht zu unserer Hochzeit eingeladen habe. Ich weiß nicht, was los war – ich hatte wohl Hirnfrost.

Ulf 'U-G' Göransson: Danke, dass du mir die richtige Richtung gewiesen hast.

Bertil und Ingrid Jonsson: Ihr beide wisst, wie viel ihr mir bedeutet.

Kenth und Eva Björkland: Danke, dass ihr euch um mich gekümmert und mich mit Essen versorgt habt.

Ich möchte auch meinen neuen Freunden danken: Per Björkebaum, Mattias Jaktlund, Andreas Lundqvist, John Nolebring, Gabriel

Wennstig und nicht zuletzt Patrick Rosenberg – du warst derjenige, der mich zum Schreiben gebracht hat.

Offside Press: Ohne euch gäbe es kein Buch. Ihr seid mutig, und deshalb seid ihr die Besten.

Nicht zuletzt möchte ich Mogwai, Low und Sigur Rós danken: Ohne euch wäre ich niemals an dieser Aufgabe drangeblieben.

BILDNACHWEIS

Coverfoto: Thron Ullberg
Coverlayout: Anja Elsen
Lektorat: Dr. Irmgard Jaeger
Fotos: S. 8, 12, 210: Frida Torgeby,
S. 82: Matti Rapila,
S. 130, 168: AdobeStock
Karte S. 6-7: OpenStreetMap
Innenlayout: Annika Naas
Satz: Amnet Services